Herman Riegel

Die Sammlung mittelalterlicher und verwandter Gegenstände

Herman Riegel

Die Sammlung mittelalterlicher und verwandter Gegenstände

ISBN/EAN: 9783743387188

Hergestellt in Europa, USA, Kanada, Australien, Japan

Cover: Foto ©ninafisch / pixelio.de

Manufactured and distributed by brebook publishing software (www.brebook.com)

Herman Riegel

Die Sammlung mittelalterlicher und verwandter Gegenstände

Herzogliches Museum.

Die Sammlung mittelalterlicher und verwandter Gegenstände.

Braunschweig,
1879.

Druck von George Westermann in Braunschweig.

Die Sammlung mittelalterlicher und verwandter Gegenstände, welche in dem hier vorliegenden Verzeichnisse beschrieben ist, wurde im Frühjahr 1878 — in Folge einer Vermehrung der Räumlichkeiten des Museums — gebildet und aufgestellt. Sie hat also als solche noch keine Geschichte. Der grössere Theil der Gegenstände aber, welche dieselbe jetzt ausmachen, gehört zu den älteren Beständen des Museums; allein diese Gegenstände waren zerstreut und kamen bei der unsystematischen Anordnung der Sammlungen, welche früher bestand — und die, der immer noch äusserst beschränkten Räumlichkeiten wegen, leider auch jetzt noch nicht durchweg zu beseitigen war, — nicht zur Geltung. Der vorzügliche Werth nicht weniger der hierher gehörigen Werke jedoch liess eine Vereinigung gerechtfertigt und sehr wünschenswerth erscheinen. Nachdem dieselbe erfolgt, war es mein Bestreben, so schnell als möglich den Besuchern des Museums mit einem angemessenen Verzeichnisse zur Hand zu gehen, ohne welches die Betrachtung einer derartigen Sammlung immer nur einen geringeren Nutzen wird hervorbringen können. Bei der Abfassung desselben leitete mich aber auch die Absicht, den Fachmännern eine möglichst erschöpfende Auskunft besonders über die wichtigeren Stücke zu geben, und so zugleich die Sammlung in das Arbeitsgebiet der wissenschaftlichen Bestrebungen, insoweit sich diese auf die mittelalterliche Kunst beziehen, einzuführen. Hierdurch musste das Verzeichniss von selbst ein Beitrag zur Kunstgeschichte des Mittelalters werden.

In dieser Hinsicht werden namentlich die kirchlichen Gewänder u. s. w. eine Beachtung verdienen, welche früher aus Mangel an Raum und anderen Gründen wie in Kleiderschränken, fast unsichtbar, zusammengehängt und daher fast gar nicht bekannt waren. Und doch dürfte wohl kaum ein anderes öffentliches Museum eine so bedeutende Anzahl derartiger Sachen besitzen. Schon Herzog Carl I., der im Jahre 1755 das Museum gestiftet hatte, liess eine Anzahl Messgewänder aus Walkenried und dem hiesigen Dome in dasselbe versetzen; dazu kamen dann einige Stücke aus Riddagshausen, ferner die 1836 in der Martinikirche hierselbst, in einer vermauerten Wandnische der Sakristei, aufgefundenen Sachen (s. L. Hellmuth im „Braunschw. Magazin" 1836. S. 197 u. ff.), mehrere einzelne Gegenstände und zuletzt 1877 die im Kreuzkloster hierselbst aufgefundenen Stickereien (Nr. 33—38). So fanden sich allmälig die Stücke zusammen, aus denen die jetzige umfängliche Sammlung gebildet werden konnte.

Diese Sammlung darf nunmehr als eine würdige Genossin der kostbaren Sammlungen alter kirchlicher Gewänder erachtet werden, die sich bei den Domen von Brandenburg und Halberstadt, wie bei der Marienkirche zu Danzig erhalten haben. — Ferner aber sind auch ausser diesen Gewändern, Stoffen und Stickereien verschiedene Gegenstände von hervorragendem künstlerischen und kunstgeschichtlichen Werthe vorhanden, wie z. B. das Evangelienbuch Nr. 55, das Runenkästchen Nr. 58, das Reliquienkästchen Nr. 59, das Reliquiarium des heil. Blasius Nr. 60, die Steinarbeit von Dürer Nr. 69, die Glocke vom Jahre 1270 Nr. 104, das Hifthorn Nr. 107, der Sattel Nr. 111, die Hochzeitsschüsseln Nr. 122—127 u. s. w., welche die Aufmerksamkeit aller Freunde mittelalterlicher Kunst, aller Derjenigen die sich bemühen, die Geschichte in ihren Denkmälern zu lesen, in hohem Maasse anzuregen und zu fesseln geeignet sind.

Die Einrichtung des Verzeichnisses wird einer Erklärung oder Rechtfertigung nicht bedürfen. Eine möglichst einfache, naturgemässe Anordnung und eine möglichst klare Uebersichtlichkeit wurden angestrebt; Abkürzungen wurden nur bei den häufigsten Wiederholungen angewendet, und sie erklären sich durchweg von selbst. Bei den literarischen Hinweisungen wurde nur ausnahmsweise Verlagsort und Jahreszahl hinzugefügt. Die angezogenen Bücher und Werke sind mit wenigen Ausnahmen in der Bibliothek des Museums vorhanden und können daselbst zu wissenschaftlichen Zwecken eingesehen und benutzt werden.

Schliesslich erlaube ich mir, an die Besucher der Sammlung die Bitte zu richten, etwaige Berichtigungen und Ergänzungen, zu denen Sie veranlasst sein würden, mir nicht vorenthalten zu wollen: für alle derartige Mittheilungen werde ich mich zu lebhaftem Danke verpflichtet fühlen.

Braunschweig, den 21. März 1879.

Der Director des herzogl. Museums.

Herman Riegel, Dr. u. Prof.

Inhalt.

		Seite
I.	Gewänder, Stoffe und Stickereien, Nr. 1—54 . . .	1
II.	Kirchliche Kunstwerke und Geräthe, Nr. 55—106 .	33
III.	Weltliche Kunstwerke und Geräthe, Nr. 107—127 .	92
IV.	Architektonisches, Nr. 128—153	123

I.

Gewänder, Stoffe und Stickereien.

1. Der Kaisermantel Otto's IV.

Der radförmige Mantel besteht aus schwerem Purpurseidenstoffe, welcher auf starkem grauen Leinen liegt. Die Stickerei ist durch Seide und Leinen gemeinschaftlich gearbeitet, oben mit Goldfäden, unten mit Leinenfäden. Das vermuthlich weiss-seidene Unterfutter, die gestickten Borten und die Schliessen fehlen. Die Stickerei zeigt längs den Vorderkanten Darstellungen von Christus und der Maria, beide thronend, wie von acht weihrauchspendenden Engeln (von welchen letzteren einer fehlt), — auf der Rückenlinie eine Reihe von einköpfigen Reichsadlern — und auf der übrigen Fläche ein Muster von Löwen, Halbmonden und Sternen.

Rückenhöhe 1,48m.

Sizilisch-sarazenische Arbeit aus dem Anfange des 13. Jahrhunderts.

Der Mantel ist in dem Testamente des Kaisers, welches derselbe am 18. Mai, einen Tag vor seinem am

19. Mai 1218 auf der Harzburg erfolgten Tode errichtete, ausdrücklich erwähnt, indem er bei Verfügung über die Reichskleinodien mit den Worten ausgenommen wird: „... et imperialia insignia, praeter pallium nostrum, quod dandum est ad St. Aegidium ..." (Orig. Guelf. III. 364. — Monum. German. hist. Leges II. 221. — Rethmeyer, Braunschweiger Chronik etc. S. 458. — G. Langerfeldt, Kaiser Otto IV. etc. S. 200—204. — u. s. w.). Demgemäss wurde der Mantel im Aegidienkloster zu Braunschweig aufbewahrt. Von dort gelangte er nach Riddagshausen und von da wahrscheinlich 1814 in das Collegium Carolinum zu Braunschweig. Hier ward er 1858 in Gestalt einer Altardecke, zu der er verschnitten worden war, vom Professor Brandes, Inspector am Herzoglichen Museum, aufgefunden. Seitdem wurde er in dieser Gestalt im Museum aufbewahrt bis zum Mai 1876, wo die Decke zertrennt und die alte Mantelform mit Hülfe einiger Stücke neuen Zeuges, die auf der Rückseite eingesetzt werden mussten, wieder hergestellt wurde. Hinsichtlich der angewandten Stickart dürfte zu bemerken sein, dass kleine und sehr feine Goldröhrchen über die Leinenfäden geschoben sind, so dass dann diese mit Goldröhrchen bekleideten Leinenfäden oben, die gewöhnlichen Leinenfäden unten liegen, wodurch gegenüber der ausschliesslichen Anwendung von Goldfäden Metall gespart wird. Dieser Anwendung von Röhrchen (canna oder französisch canne) scheint ursprünglich der technische Ausdruck „cannetille" entsprochen zu haben. Ohne Zweifel ist diese schwierige und künstliche Technik orientalischen Ursprungs. Im 6. Jahrhundert ward sie zu Constantinopel bei Herstellung des Altarvorhanges in der Sophienkirche angewendet, wie man aus des Silentiarius Paulus Beschreibung dieses Bauwerkes (I. 364 u. ff.) schliessen muss, wo von „Goldfäden in Form von Röhren und Pfeifen", die Rede ist, die „mit der Nadel und Fäden von serischer Seide" in das kunstvoll gewirkte Seidengewebe noch eingestickt wurden.

Bock im „Organ für christliche Kunst" 1858. S. 121. — Derselbe, „Geschichte der liturgischen Gewänder des Mittelalters". I. 227—228. II. 292. — Derselbe, „Die Kleinodien des heiligen römischen Reichs". S. 49 ff. und Tafel X (farbige Abbildung, die jedoch Unrichtigkeiten enthält). — F. Spehr im „Braunschweigischen Magazin". 1868. S. 482 u. ff. —

2. Blauwollenes Messgewand.

Der Stoff desselben ist blaue Wolle, das Futter gelbes Leinen. Das Kreuz auf dem Rücken besteht aus grüner Seide und ist mit Blumenornamenten verziert, innerhalb deren ein kleines, aus Goldfäden hergestelltes Kreuz mit dem gekreuzigten Christus liegt. Die Darstellung ist durch aufgenähte Zeugstücke wie durch Stickerei in Seide und Goldfäden hergestellt.

Rückenhöhe 1,40m.

Der Stoff gehört vermuthlich dem 14., die Stickerei dem 15. Jahrhundert an.

3. Blauwollenes Messgewand.

Es besteht aus einem blauen Wollenstoffe und ist mit gelbem Leinen gefüttert. Das Kreuz auf dem Rücken hat als Grund rothe Seide, auf welcher mit Leinen-, Gold- und Seidenfäden wie auch mit Blattgold Verzierungen im spätromanischen oder frühgothischen Style gestickt erscheinen. — Im Innern des Halsausschnittes ist ein Pergamentzettel aufgenäht, auf welchem folgende Worte stehen: „ðmcale ꝫn hieme Að pmã Missã".

Rückenhöhe 1,30m.

Entstehungszeit um das Jahr 1300.

4. Dalmatica, aus zwei Hälften verschiedenen Stoffes.

Das Gewand besteht aus zwei Hälften verschiedenen Stoffes; der eine ist Goldbrokat, der andere farbiges Seidengewebe. Das Goldbrokat hat rothseidenen Grund und das Muster besteht aus Pfauen und Blumen; zwischen das Gold des Musters ist weisse und blaue Seide gewebt. Der Seidenstoff besteht wieder aus zwei Sorten; das grosse Längenstück ist gestreift, die Keilstücke an der Seite und unten, wie der Aermel sind ungestreiftes Zeug; mit Ausnahme der Streifen besteht das Muster aus Blätterwerk, Thiergestalten und Buchstabenmonogrammen (ω), auf denen eine Krone ruht. Die Ränder sind mit rother Seide besetzt und der farbige Aermel hat vorn eine Goldborte. Das Futter ist gelbes Leinen.

Rückenhöhe 1.25m.

Die Stoffe sind italienisch und werden dem 14. Jahrhundert angehören.

5. Rothwollenes Messgewand.

Der Stoff desselben besteht aus rother Wolle, das Futter aus gelbem Leinen. Auf dem Rücken liegt ein Kreuz aus grüner Wolle; auf der Vorderseite befindet sich ein blauer, wollener Längsstreifen.

Rückenhöhe 1.40m.

Aus der Zeit um das Jahr 1300.

6. Rothwollenes Messgewand.

Der Stoff desselben besteht aus rother Wolle, das Futter aus gelbem Leinen. Das Kreuz auf dem Rücken ist von Leinenstoff, auf welchem ein geometrisches Muster mit weisser, rother und grüner Seide in Plattstich gestickt ist. Der Halsausschnitt ist mit einer Borte eingefasst, die aus zweierlei Mustern besteht.

Rückenhöhe 1,38m.

Aus der Zeit um das Jahr 1300.

7. Seidenes Messgewand.

Das mit blauem Leinen gefütterte Gewand besteht aus einem purpurseidenen, mit Goldfäden durchwirkten Stoff (Goldbrokat). Das streifenförmige Muster zeigt abwechselnd Paare von Elephanten, Schwänen, Drachen und Adlern übereinander, und innerhalb einfacher Ornamente auf runden Schildern Paare von Löwen und Adlern. Das Kreuz auf dem Rücken besteht aus grüner Seide; auf demselben ist Christus auf kleinerm goldenen Kreuze abgebildet; zu beiden Seiten desselben stehen Maria und Johannes, auf den vier Armen des Kreuzes sind die Brustbilder der zwölf Apostel in einem flachen frühgothischen Ornamente angebracht; die theilweise erhoben gearbeitete Stickerei ist in Zwirn, Seide, Goldfäden, Perlen und Blattgold ausgeführt. In der Mitte der Vorderseite bildet die Egge des Stoffes einen fingerbreiten Goldstreifen. Der untere Theil der Vorderseite ist geflickt.

Rückenhöhe 1,29m.

Der byzantinische oder sarazenische Stoff wird in das 12. Jahrhundert oder noch früher zu setzen sein, die Stickerei in den Anfang des 15. Jahrhunderts.

Bock, Liturg. Gewänder a. a. O. I. S. 38—39, wo das Gewand als im Besitze des Herrn Malers Professor Lessing, der es vorübergehend in Händen hatte, angeführt ist; — und ebenda Tafel III.

8. Seidenes Messgewand.

Das Gewand besteht aus grünem und rothem Seidenstoff und ist mit gelbem Leinen gefüttert. Der Grund des Musters, der in der Weberei noch über dem grünen Gewebe liegt, ist roth, das Blumenmuster im Blätterwerk grün, in den übrigen Theilen weiss und gold; in dies Muster hinein sind reihenweise Paare von liegenden Thieren (Hirschkühen?) gewirkt. Die Vorderseite zeigt einen schmalen wollenen Längsstreifen von grüner Farbe. — Das Kreuz auf dem Rücken ist in Gold- und Seidenstickerei ausgeführt und enthält im Hauptbalken über einander vier Nischen, in denen unten die heilige Christina, darüber Johannes der Evangelist, dann Maria mit dem Kinde in ganzen Figuren und oben der Stifter in halber Figur mit einem Spruchbande sich befinden; in den Querbalken sind je ein Wappen (das von Pawel'sche) und ein Bischof angebracht. — Im Innern des Halsausschnittes ist ein Pergamentzettel aufgenäht mit folgender Schrift: „pm̄l festiuale ad crucis altare".

Rückenhöhe 1,13 m.

Der Stoff italienisch aus dem 14. Jahrhundert, die Stickerei deutsch (Braunschweig?) aus dem 15. Jahrhundert.

Das jetzt hier befindliche Kreuz ist erst 1876 aufgesetzt worden, nachdem das Kreuz, welches ehedem, wie an den erhaltenen Heftfäden deutlich zu erkennen war, sich hier befand, verschwunden war. Gegenwärtiges Kreuz stammt aus der St. Martinikirche zu Braunschweig.

9. Grünwollenes Messgewand.

Dasselbe ist aus grünem Wollenstoffe verfertigt und mit gelbem Leinen gefüttert. Das Kreuz auf dem Rücken besteht aus rother Seide, auf welcher eine Seidenstickerei in Plattstich ausgeführt ist; die Stickerei, welche weisse, gelbe, blaue, grüne, rothe und goldene Fäden enthält, zeigt in gothischen Verzierungen Wappenschilder, darunter das Wappen der Familie von Alvensleben (?). — Auf einem im Innern des Halsausschnittes aufgenähten Pergamentzettel steht: „dūcale Ju hieme Ad sūma Missam". Vergl. No. 3.

Rückenhöhe 1,31m.

14. Jahrhundert.

10. Rothwollenes Messgewand.

Der Stoff desselben ist rothe Wolle, das Futter gelbes Leinen. Das auf dem Rücken liegende Kreuz besteht aus weissem Leinen, in welches ein geometrisches Muster mit rother, gelber, blauer und grauer Seide in Kreuzstich gestickt ist. — Auf einem Pergamentzettel, der im Innern des Halsausschnittes aufgenäht ist, steht die Schrift: „Aptor (?) dño ūro. Ju cappel holt nicker".

Rückenhöhe 1,31m.

14. Jahrhundert.

11. Grünwollenes Messgewand.

Der Stoff desselben ist grüne Wolle, das Futter gelbes Leinen. Das Kreuz auf dem

Rücken besteht aus hellrother Seide, die mit silberübersponnenen, starken Leinenfäden benäht und mit grüner Seide bestickt ist. Das Muster zeigt romanische Blumenverzierungen. An den beiden Querarmen des Kreuzes sind Wappenschilder angesetzt. — Im Innern des Halsausschnittes ist ein Pergamentzettel aufgenäht mit den Worten: „Ju eflate".

Rückenhöhe 1,34m.

Entstehungszeit um das Jahr 1300.

12. Seidenes Messgewand.

Der Seidenstoff zeigt auf blauem Grunde ein grünes Pflanzenornament, in welchem sich reihenweise liegende Hunde und herniederfliegende Vögel eingewirkt befinden. Das Futter besteht aus gelbem Leinen. — Das Kreuz auf dem Rücken wird aus dunkelblauer Seide gebildet, darüber befindet sich auf einem kleineren grünen Kreuze Christus; am Stamm des letzteren Kreuzes sind Maria und Johannes und oben die heilige Agnes dargestellt; ringsum gothische Ornamente, in welche oft die Buchstaben a. d. (agnus dei) verschlungen sind. Ganz unten in den beiden Ecken zwei Wappen. Die Stickerei ist in Seide, Goldfäden, Blattgold und Perlen ausgeführt und zum Theil erhoben gearbeitet. — Auf einem Pergamentzettel im Innern des Halsausschnittes steht: „beaten".

Rückenhöhe 1,38m.

Italienischer Stoff aus der Zeit um 1400, die Stickerei deutsch (Braunschweig?) aus dem 15. Jahrhundert.

13. Seidenes Messgewand.

Das Gewand besteht aus grünem und rothem Seidenstoff und ist mit grauem Leinen gefüttert. Der Grund des Musters, der in der Weberei noch über dem grünen Gewebe liegt (vergl. Nr. 8), ist roth, das Blumenornament im Blätterwerk grün, in den übrigen Theilen weiss und golden. — Das Kreuz auf dem Rücken besteht aus rother Seide und enthält in Seiden-, Gold- und Silberstickerei die Darstellung des gekreuzigten Christus mit Magdalena am Fusse des Kreuzes, darunter Maria und Johannes, an den Enden der vier Kreuzarme die Symbole der Evangelisten. — Auf einem Pergamentzettel im Innern des Halsausschnittes steht: „Alyn".

Rückenhöhe 1,36m.

Italienischer Stoff aus dem 14. Jahrhundert. Die Stickerei deutsch aus der zweiten Hälfte des 15. Jahrhunderts.

14. Rothwollenes Messgewand.

Es ist aus rothem Wollenstoffe hergestellt, der von ziemlich grobem Gewebe ist; das Futter besteht aus gelbem Leinen. Das Kreuz auf dem Rücken ist weisses Leinen, in welches ein geometrisches Muster mit rother, gelber, blauer und grüner Seide in Kreuzstich gestickt ist. Ein Längsstreifen von gleichem Stoff und Muster befindet sich auch an der Vorderseite des Gewandes.

Rückenhöhe 1,11m.

14. Jahrhundert.

15. Grünwollenes Messgewand.

Der Stoff des Gewandes ist grüne Wolle, das Futter gelbes Leinen. Das Kreuz auf dem Rücken ist auf losem Leinen in Seide und Gold mit langem Plattstich gestickt. Die Darstellung zeigt Christum am Kreuze, zu dessen Füssen den heil. Bartholomäus in ganzer Figur, oben eine sternartige Blume und in den Querarmen des Kreuzes die Brustbilder von Petrus und Paulus. Auf der Vorderseite befindet sich ein rother wollener Längsstreifen. — Die Stickerei ist stark beschädigt.

Rückenhöhe 1,12m.

Der Stoff wird dem 14., die Stickerei aber dem 15. Jahrhundert angehören.

16. Rothwollenes Messgewand.

Zum Stoff dient rothe Wolle und zum Futter gelbes Leinen. Das Kreuz auf dem Rücken besteht aus weissem Leinen, in welches ein geometrisches Muster aus rother, grüner und blauer Seide in Kreuzstich gestickt ist. Der Halsausschnitt ist mit Leinen eingefasst.

Rückenhöhe 1,35m.

14. Jahrhundert.

17. Halbseidenes Messgewand.

Der Stoff ist ein halbseidenes Gewebe: blaues Leinen, mit weisser, hellblauer und grüner Seide sowie Goldfäden durchwirkt. Das Muster stellt Weinlaubverzierungen dar, zwischen

welchen reihenweise Paare von Tauben und
vierfüssigen Thieren (Eseln und Löwen?) angeordnet sind. Die Vorderseite ist mit einem
andern blau leinenen Stoffe ausgeflickt, der mit
ehemals rother und gelber Seide durchwirkt ist.
Das Muster ist streng geometrisch in Reihen
schematisirt, deren eine aufrechtstehende Tauben
zeigt. Das Futter ist gelbes Leinen. Der
Halsausschnitt ist mit einer fingerbreiten Goldborte besetzt.

Rückenhöhe 1.32m.

*Stoff italienisch aus der Zeit um das Jahr 1400.
Der Flicken ist in das 13. Jahrhundert (oder noch
weiter zurück?) zu versetzen und wird byzantinischen
Ursprungs sein.*

18. Messgewand aus Goldbrokat.

Der mit grauem Leinen gefütterte Stoff ist
Purpurseide, die mit Goldfäden durchwirkt ist
(Goldbrokat). Das Muster zeigt in leichtem
Pflanzenornament Reihen von springenden
Hunden, deren eine Gattung am Halse ein
Halsband und am Leibe ein breites Ornament
trägt, welches nach oben und unten Strahlen
wirft. — Ursprünglich befand sich, wie die er-
haltenen Heftfäden bewiesen, auf dem Rücken
ein Kreuz, das jetzt fehlt.

Rückenhöhe 1.40m.

Jtalienisch, 14. Jahrhundert.

Ein gleiches Stoffmuster ist bei „Fischbach, Ornamente der Gewebe", Taf. 8. No. A. abgebildet, wo es
als süditalienische Arbeit aus dem 13. bis 14. Jahrhundert bezeichnet ist.

I. Gewänder, Stoffe

19. Violettwollenes Messgewand.

Der Stoff des Gewandes ist violette Wolle, das Futter gelbes Leinen. Das Kreuz auf dem Rücken ist aus zwei gewebten halbseidenen Streifen zusammengesetzt. Das Muster wird durch Längsstreifen in Goldfäden, rother, weisser und violetter Seide gebildet; der breite Mittelstreifen zeigt ein Blattornament in Gold auf rothem Grunde. Ein Längsstreifen aus rother Wolle befindet sich an der Vorderseite. — Mehrfach geflickt.

Rückenhöhe 1,38m.

14. Jahrhundert.

20. Rothseidenes Messgewand.

Der Stoff ist rother Seidendamast, das Futter graues Leinen. Das Kreuz auf dem Rücken besteht aus grüner Seide; darauf ist Christus an einem kleineren goldenen Kreuze dargestellt, von bunten Blumenverzierungen umgeben: im unteren Abschnitte Maria und Johannes, im oberen Gott Vater, in den oberen Winkeln an den Kreuzarmen r. und l. je ein Wappen. Die Stickerei ist in Seide, Goldfäden und Blattgold ausgeführt, leider aber, namentlich in den oberen Theilen, beschädigt. — Auf dem Unterfutter befindet sich, unten in der Mitte, Folgendes geschrieben: *„Dem Erwürden andechtigen und wolgelarten Hern Petro Weintrauben Abten deſs Stifts Riddagshausen haben Dominä Verwalter eines ganzen Convent deſs Closters Derneburgk dieſs Meſsgewand hinwieder verehret. Anno 1610 den 20. Jülij."*

Rückenhöhe 1,36m.

Der Stoff ist modern, die Stickerei gehört dem Anfang des 14. Jahrhunderts an.

21. Rothwollenes Messgewand.

Das Gewand ist aus rother Wolle hergestellt und hat gelbes Leinen zum Futter. Das Kreuz auf dem Rücken besteht aus grüner Wolle und zeigt, in Bildstickerei in Wolle, folgende Darstellungen: In der Mitte das Lamm, im oberen Kreuzarme Maria mit dem Kinde und Johannes den Täufer, im rechten und linken Kreuzarme je einen Bischof und ein Wappen, im unteren Kreuzarme neun weibliche Heilige (Märtyrerinnen), darunter Katharina von Siena, Rosalia, Agnes. — Auf einem kleinen Pergamentzettel, der im Halsausschnitt aufgenäht ist, steht: „Aptor ad altar' sći nicolai". Vergl. Nr. 10.

Rückenhöhe 1,35m.

14. Jahrhundert.

22. Messgewand aus grünem Goldbrokat.

Der Stoff ist grüne Seide, die mit Goldfäden durchwirkt ist (Goldbrokat), das Futter ist blaues Leinen. Das grossblumige Muster zeigt Sonnen und Paare von Löwen, Tauben und Schwänen. Das Kreuz auf dem Rücken ist als ein natürlicher Baumstamm mit abgehauenen Aesten gehalten, an dessen Fusse ein Todtenkopf liegt; der Leib des Gekreuzigten ist durch unterlegtes Werg plastisch dargestellt; die Stickerei ist in Seide und Goldfäden ausgeführt.

Rückenhöhe 1,33m.

Der Stoff wird italienische Arbeit aus dem 14. Jahrhundert, die Stickerei deutsche aus dem 15. Jahrhundert sein.

Aus der St. Martinikirche zu Braunschweig.

Die Darstellung des Kreuzes in Form eines Baumes dürfte ihre Erklärung darin finden, dass man das Kreuz mit dem Lebensbaum (arbor vitae) des Paradieses in Verbindung brachte und es danach das „dulce lignum" nannte, dessen Frucht die Folgen des Genusses der verbotenen Frucht des Paradieses ausglich; wie es denn in der Einleitung der Messe des heil. Kreuzes heisst: „qui in ligno vincebat (Satan), in ligno quoque vinceretur." Der Todtenkopf am Fusse des Kreuzes nimmt auf Adam Bezug, der nach alter griechisch-katholischer Sage auf Golgatha begraben wurde, doch kann er auch allgemein als Symbol des Todes angesehen werden, den Christus durch den Tod am Kreuze überwand. — Kreuze gleicher oder ganz ähnlicher Art haben sich mehrfach erhalten, z. B. im National-Museum zu München, im germanischen Museum zu Nürnberg.

23. Messgewand aus Goldbrokat.

Das mit gelbem Leinen gefütterte Gewand besteht aus purpurseidenem, mit Goldfäden durchwirktem Stoffe (Goldbrokat). Das Muster zeigt in sehr leichtem Pflanzenornament verhältnissmässig grosse Figuren von Hirschkühen, Löwen und Adlern. Das Kreuz auf dem Rücken hat als Grund hellgrüne Seide, auf welcher, zum Theil sehr erhoben, eine Stickerei in Seide, Goldfäden und Perlen liegt; der ganze Körper des Christus ist mit kleinen Perlen bedeckt. Die Ornamente sind theils wappenförmig, theils wirkliche Wappen zwischen leichten Arabesken. Mehrere dieser Wappenverzierungen fehlen oder sind zerstört.

Rückenhöhe 1,34m.

Der Stoff wird italienische Arbeit aus dem 14. Jahrhundert sein, die Stickerei ist deutsch (Braunschweig?).

24. Halbseidenes Messgewand.

Der Stoff ist Halbseide, mit grauem und gelbem Leinen gefüttert. Das Muster zeigt auf rothem Grunde in hellgelber Seide Blumenverzierungen, zwischen welche hinein Jagdthiere und Jäger gewirkt sind. Die Hälfte der Vorderseite ist mit einem anderen gelb- und rothen Stoffe geflickt, dessen Muster, in Leinen- und Wollengewebe, zwischen Blumenverzierungen kleine zaunartige Formen zeigt. Das Kreuz auf dem Rücken hat eine gabelförmige Gestalt (Y) und zeigt in Gold- und Seidenstickerei Petrus, Magdalena, Bartholomäus und in den Querbalken Agnes und Barbara.

Rückenhöhe 1,33m.

Der Stoff, vermuthlich byzantinischen Ursprungs, dürfte dem 13. Jahrhundert angehören, die Stickerei ist deutsche Arbeit aus der zweiten Hälfte des 15. Jahrhunderts.

Die gabelförmige Gestalt des Kreuzes weist dieses Messgewand als ein bischöfliches aus; dieselbe ist eine Nachahmung der Form des Palliums, das als Zeichen der erzbischöflichen und Metropoliten-Würde vom Papste verliehen wird. (Vergl. Bock, Geschichte der liturg. Gewänder a. a. O. II. S. 105. flg. bes. 107 und auch 113.)

25. Buntseidenes Messgewand.

Dies Gewand ist aus einem kunstvoll gewebten Seidenstoffe geschnitten und mit gelbem

Leinen gefüttert. Auf dem schwarzen Grunde des Stoffes liegen grüne und rothe Streifen mit goldenen Verzierungen; letztere sind in den grünen Streifen fast nur geometrische, arabische Muster, in den rothen Streifen zeigen sie jedoch auch arabische Schriftzeichen (Koransprüche?). — Das grosse Kreuz auf dem Rücken zeigt auf dunkelblauem Seidengrunde Christus auf einem kleinen goldenen Kreuze, bei welchem Maria Magdalena kniet; darunter befindet sich Maria neben Johannes und noch tiefer zwei weibliche Heilige. Im r. Kreuzarme ist Andreas, im l. Thomas, im oberen das Wappen der Familie Kerkhöf (vergl. Nr. 33) angebracht. Die theilweise erhoben gearbeitete Stickerei ist in Seide, Perlen, Goldfäden und Blattgold ausgeführt. — An einzelnen Stellen ist das lose Gewebe aufgegangen; bei der Stickerei fehlt das Lendentuch.

Rückenhöhe 1,37 m.

Der Stoff ist sarazenisch-sizilischen Ursprungs und gehört dem 13. Jahrhundert an. Die Stickerei ist deutsch (Braunschweig?) und dürfte dem Ende des 15. Jahrhunderts entstammen.

Bock, Liturg. Gewänder a. a. O. I. 38, wo jedoch das Gewand als im Besitze des Herrn Malers Professor C. F. Lessing, der es eine Zeit lang in Händen hatte, angeführt wird.

26. Seidenes Messgewand.

Der Stoff des farbigen Seidendamastes ist dem unter Nr. 8 beschriebenen im Gewebe, im Muster und in den Farben ähnlich; auch mit dem unter Nr. 13 aufgeführten ist er verwandt, doch hat der letztere ein feineres Gewebe. Der

Grund ist roth, das Pflanzenornament grün, die Thiere, welche reihenweise Paare von Hunden u. s. w. darstellen, blau und golden. Das Futter ist gelbes Leinen. Das Kreuz auf dem Rücken besteht aus rothbrauner Seide, darauf befindet sich auf einem kleineren grünen Kreuze Christus, ringsum in den vier grossen Kreuzarmen sind frühgothische Ornamente angebracht: Alles in Zwirn, Seide, Goldfäden und Perlen gestickt.

Rückenhöhe 1,45m.

Der italienische Stoff wird dem 14. und die deutsche (Braunschweig?) Stickerei dem Anfang des 15. Jahrhunderts angehören.

27. Seidenes Messgewand.

Das Gewand besteht aus Seidenstoff, der mit gelbem Leinen gefüttert ist. Der Grund des Musters, der in der Weberei noch über der grünen Seide liegt, ist blau, das Muster im Blätterwerk grün, sonst roth und golden. Das Kreuz auf dem Rücken besteht aus grüner Seide; darauf liegt ein kleineres Kreuz von rother Seide mit der Darstellung des gekreuzigten Christus: im oberen Kreuzarme ist Gott Vater und Maria abgebildet, im unteren und in beiden Querarmen die zwölf Apostel. Auf dem Grunde des Kreuzes befinden sich überall Sternblumen, zu beiden Seiten von Gott Vater oben je ein Wappen.

Rückenhöhe 1,40m.

Der Stoff ist italienisch und dürfte dem 14. Jahrhundert angehören, die Stickerei ist deutschen Ursprungs (Braunschweig?) aus dem 15. Jahrhundert.

28. Messgewand aus Goldbrokat.

Der Stoff des Gewandes ist Purpurseide, die mit Goldfäden durchwirkt ist (Goldbrokat). Das Muster besteht aus Pflanzenornamenten, zwischen welchen in senkrechten und wagerechten Reihen paarweise geordnete Löwen und Adler stehen. Auf dem Rücken in Schulterhöhe sind zwei Wappen aufgeheftet, von denen das l. befindliche das von Vechelde'sche ist. Auf der Vorderseite befindet sich ein violettsammtener Längsstreifen; der Halsausschnitt ist mit einer schmalen Borte eingefasst. Das Futter ist gelbes Leinen.

Rückenhöhe 1,35m.

Der Stoff ist italienisch aus dem 13. oder 14. Jahrhundert, die Stickerei deutsch (Braunschweig?).

Ein ähnliches Stoffmuster ist bei „Fischbach, Ornamente der Gewebe" Taf. 59 abgebildet, wo es als sizilianische Arbeit des 13. Jahrhunderts bezeichnet ist.

29. Halbseidenes Messgewand.

Der Stoff des Gewandes ist Halbseide; das Muster zeigt, auf rothem Grunde in gelb, Reihen grosser Blumenverzierungen, unter denen r. und l. gegen einander zwei Hirsche stehen, welche blaue oder grüne Kronen am Halse tragen. Das Futter fehlt. An der Vorderseite fehlt auch die l. untere Ecke.

Rückenhöhe 1,33m.

Byzantinische Arbeit des 13. Jahrhunderts.

30. Messgewand aus Goldbrokat.

Der Stoff des mit grauem Leinen gefütterten Gewandes ist Purpurseide, mit Goldfäden durchwirkt (Goldbrokat). Das Muster besteht in Pflanzenornamenten, die den Wellenlinien von Baumstämmen folgen; zwischen denselben sind reihenweise Drachen und Marder (?), welche letztere ein Nest auszunehmen im Begriff sind, gewirkt. — Auf einem im Innern des Halsausschnittes aufgenähten Pergamentzettel steht eine Schrift, von der sich jedoch nur Folgendes erkennen lässt: „. . . . . m . . . sumū . .‟

Rückenhöhe 1,33m.

Italienischer Stoff aus dem 14. Jahrhundert.

31. Messgewand aus zwei verschiedenen Goldbrokatstoffen.

Das Gewand besteht aus zwei Hälften von verschiedenem Goldbrokat; die eine hat einen purpurnen, die andere einen grünen Grund. Beim ersteren Stoffe sieht man in zierlichen Pflanzenornamenten Paare von Schwänen und aufrecht sitzenden Adlern, beim zweiten in ähnlicher Anordnung Paare von Hirschkühen und herabfliegenden Adlern. Gefüttert ist das Gewand mit grauem Leinen. — Das Kreuz, das sich ursprünglich auf dem Rücken befand und welches die Gabelform hatte (s. Nr. 24), musste der starken Beschädigungen halber abgetrennt werden.

Rückenhöhe 1,38m.

Der Stoff ist italienisch und wird dem 14. Jahrhundert angehören.

Aus der St. Martinikirche zu Braunschweig.

32. Halbseidenes Messgewand.

Das Gewand besteht aus einem halbseidenen Stoffe, dessen Muster, auf rothem Grunde in gelb, Reihen von zwei Arten grosser Blumenverzierungen zeigt; über der volleren Blume sind je zwei Tauben, über der sternförmigen je zwei Hirsche angebracht. Das Futter ist gelbes Leinen.

Rückenhöhe 1,35m.

Byzantinische Arbeit aus dem 13. Jahrhundert.

33. Streifenförmige Wollenstickerei auf Leinwand, mit Darstellungen aus der Geschichte des Moses.

Die Darstellungen gehören der Geschichte des Moses an, doch fehlt der Anfang (Aussetzung des Moses, Findung u. s. w.), der untergegangen sein muss. Der Streifen ist mit einer gestickten Borte eingefasst, die oben und an der Seite Wappenzeichen (Kettelhold?), unten abwechselnd dieselben Zeichen und weibliche Köpfe enthält. Die einzelnen Darstellungen werden durch gewundene Säulen getrennt und sind oben laubenartig abgeschlossen: in den Zwickeln über den Säulen befinden sich Adler mit Ausnahme des äussersten Zwickels rechts, der das Wappen der Familie von Kerkhöff enthält. („Braunschweiger Alterthümer", Handschrift der Stadtbibliothek, Blatt 183.) Am

Fusse der Säule stehen abwechselnd Löwen und Hunde.

Die einzelnen Darstellungen sind folgende:
1) Trauung des Moses mit Zipora, der Tochter Raguel's.
2) Das Hochzeitsmahl.
3) Moses vor dem brennenden Dornbusch, in welchem ein Engel ein Spruchband mit den Worten hält: „EXVE TVOS CALCIO" (calceos).
4) Moses und Aaron verwandeln vor Pharao den Stab in eine Schlange.
5) Durchgang durch das rothe Meer.
6) Moses schlägt Wasser aus dem Felsen.
7) Er empfängt auf Sinai die Gesetzestafeln. Auf dem Spruchbande steht: „ASCENDE AD ME".
8) Das goldene Kalb.
9) Das Mannalesen.
10) Die Erhöhung der chernen Schlange.

5m l. — 0,49m h.

Diese Stickerei, sowie die folgenden bis einschliesslich Nr. 38 kamen unlängst in dem Fräuleinstift zum Kreuzkloster in Braunschweig zum Vorschein und wurden dem herzoglichen Museum, vorbehaltlich des Eigenthumsrechtes dieses Stiftes, im Dezember 1877 überwiesen. Sie sind allerdings keine Kunstwerke ersten Ranges, wie es die sog. burgundischen Gewänder in Wien und ähnliche hervorragende Arbeiten sind, zu denen man auch das gestickte Rückenkreuz mit dem Pawel'schen Wappen des hiesigen Messgewandes Nr. 8 rechnen darf. Aber dennoch sind sie in mehr als einem Betrachte merkwürdig und schon um der Seltenheit ähnlicher Arbeiten willen werthvoll. Auch die gute Erhaltung der Farben an mehreren dieser Stücke verdient hervorgehoben zu werden; dieselbe wird dem Umstande verdankt, dass diese Stücke jahrhundertelang mit grünem Tuche überzogen, also gegen die Einwirkungen des Lichtes geschützt waren. — Die Technik ist durchweg die gleiche: Der Grund der Stickerei ist eine ziemlich grobe Leinwand; auf dieser sind die Umrisse der Darstellung mit Blei aufgerissen und die Stickerei ist mit Wollenfäden in Langstich ausgeführt. In der Zeichnung herrschen Roth, Gelb und Weiss vor, die Füllung ist blau. Dadurch, dass die Fäden an der Vorder- und Rückseite auf der Leinwand liegen und diese gänzlich bedecken, gewinnt die Arbeit den Schein, als ob sie gewebt wäre. — Ob diese Stickereien von den Frauen des Klosters ehedem selbst oder von anderen Frauen der Stadt, die sie in das Kloster stifteten, ausgeführt worden sind, lässt sich heute nicht mehr ermessen. Jedenfalls rühren sie von Frauen her, die nicht Künstlerinnen von Fach waren, was nicht ausschliesst, dass die Compositionen Zeichnungen von anderer Hand oder Holzschnitten entnommen wurden. Jedenfalls aber waren die Verfertigerinnen mit aller Liebe und voller Hingabe bei der Sache, was die Naivität, die aus dem Ganzen spricht, und die innige Schlichtheit des Ausdrucks, die trotz vielfacher Unbeholfenheit nicht zu verkennen ist, bezeugen. — Ausser einigen nicht zur Aufstellung gelangten Stücken sind vier streifenförmige und eine teppichförmige Stickerei vorgefunden und unter den Nummern 33 bis einschliessl. 38 aufgehängt. Die Streifen weisen durch ihre Darstellung auf eine kirchliche Benutzung hin und mögen als Behang von Rückenlehnen oder Bezug von Kniebänken, was jedoch unwahrscheinlich ist, gedient haben; der Teppich mag einst der Behang einer Wand in einem Zimmer gewesen sein. — Alle diese Arbeiten dürften zu Ende des 15. Jahrhunderts entstanden sein. — Aehnliche Stickereien, die besonders in der Technik den hier beschriebenen ganz verwandt sind, haben sich namentlich in den Klöstern Lüne und Wienhausen, doch auch an einigen anderen Orten der Provinz Hannover erhalten.

34. Streifenförmige Wollenstickerei auf Leinwand, mit Köpfen von Propheten u. s. w.

Auf grünem Grunde erscheinen in einer Reihe vierzehn Köpfe von Propheten und anderen alttestamentlichen Personen. Die Köpfe stehen über Spruchbändern, welche die Namen der Dargestellten enthalten. Doch sind einige unleserlich. Man liest: Naum, Abacuc, Sophonias, Isaias, Jeremias, Samuel, David, Nathan, Urias, Hozias, Eliseus. Die Köpfe sammt den Bändern sind von vier regelmässig geordneten und heraldisch stylisirten Adlern umgeben. Unten zieht sich ein schmaler Streifen hin, in welchem abwechselnd Köpfe und Wappen angebracht sind; die Wappen sind dieselben wie bei dem vorhergehenden Stücke an den entsprechenden Stellen.

4,35m l. — 0,28m h.

Herkunft, Technik u. s. w. wie bei Nr. 33.

35 u. 36. Streifenförmige Wollenstickerei auf Leinwand, mit Darstellungen aus der Geschichte des Salomo.

Die Stickerei ist unvollständig und besteht jetzt nur noch aus zwei Stücken; die Anordnung ist durch Pfeiler und ein architektonisches Rahmwerk in Abtheilungen geschieden, deren es hier noch sieben giebt. Diese Abtheilungen enthalten Darstellungen aus der Geschichte König Salomon's. Es sind von l. nach r. folgende:
Erster Streifen:
  1) Die Königin von Saba reist zu Salomon

2) Ein König auf dem Throne (Salomon?) ertheilt Befehle.
3) Herr und Dame zu Pferde.
4) Salomon auf dem Throne.
5) Salomon beim Tempelbau in Jerusalem.

Zweiter Streifen:
6) Salomon und Bathseba, seine Mutter, auf dem Throne.
7) Die Einweihung des Tempels (?).
8) Theil eines Mahles.

Oben und unten an der Bilddarstellung zieht sich ein Schriftband hin, welches folgende Worte enthält:

Am ersten Streifen oben:
DE HORDE ZAGHEN VAN DER WISHEYT KONIGH SALOMONES W

Daselbst unten:
AMERKLENADE VNDE SOCHTE DI WISHEYT KONIGH SALOMONES V

Am zweiten Streifen oben:
... VON ZION HIR SIT KONIGH SOLOMON.

Daselbst unten fehlt die Schrift.

Länge des ersten Streifens 2,80m, des zweiten Streifens 1,75m. — 0,45m h.

Herkunft, Technik u. s. w. wie bei Nr. 35.

37. Stück eines gestickten Teppichs, aus Theilen von drei Streifen bestehend; mit Darstellungen aus dem „Parzival".

Zwei der Streifen sind auf einem zusammenhängenden Stück Leinwand gestickt, der dritte ist angesetzt. Unter jedem der drei horizontal übereinander liegenden Streifen befindet sich ein Schriftband, links am Rande des Teppichs eine Ornamentkante. Im oberen und unteren Streifen geht die Darstellung ununterbrochen fort, der mittlere ist durch architektonisches Rahmwerk in vier Felder getheilt. Die Darstellungen selbst sind dem Rittergedichte des Wolfram von Eschenbach „Parzival" entnommen. — Soweit die kindliche Auffassung des Gegenstandes eine Erklärung zulässt, lassen sich die Darstellungen allenfalls so bestimmen:

Im oberen Streifen:
1) Gawan reitet mit Orgueilleuse.
2) Ueberfahrt auf einem Kahn.
3) Zweikampf zwischen Gawan und Le Choix coilli. Parzival X, 531. 535. 537.

Im mittleren Streifen:
1) Der neben seinem Pferd stehende Gawan unterhält sich mit Orgueilleuse, die beim Fenster steht. Parzival X, 509.
2) Gawan steht vor dem Zauberbett im Schloss Marveille. Parz. XI, 566.
3) Derselbe, auf dem Bette liegend, wird mit Pfeilen beschossen.
4) Er tödtet den Löwen. Parz. XI, 568 u. 571.

Auf dem unteren Streifen sieht man ein Turnier. Parz. XII, 623.

Die Inschriften lauten, wie sie unter den drei Streifen der Reihe nach von oben nach unten stehen, wie folgt:

VROWEN UP DAT PERT | DE V[ER]WNDEDE RITTER. SPR[AK?]

DAT SEEP | GAWAN MIT LISOYS STREIT UN ERECH DAR[NACH] QUAM HE UP CASTEL MARVEILE. DAR. EM US

1,82m l. — 1,49m br.

Der Teppich ist, wie bemerkt, nicht mehr vollständig, und das Erhaltene dürfte nur ein geringer Theil der ganzen Stickerei sein. Ein einzelner Streifen (2,31m l.), der jedoch unten in seiner ganzen Länge sehr beschädigt ist, befindet sich noch im Verwahrsam des Museums; die Darstellungen, die er enthält, sind folgende:

1) Ein Ritter und eine Frau.
2) Drei Personen im Kahn. Parzival XII, 74 (?).
3) Gawan nebst der Herzogin von entgegenkommenden Reitern mit Fanfaren empfangen. Parz. XII, 620.
4) Die Königin mit drei Hofdamen zum Fenster hinaus dem Besuche entgegensehend. Parz. XII, 74 (?).
5) Das Gastmahl; ein Diener r. bringt Speisen herbei. Parz. XII, 622.

Am oberen Rande ist eine Inschrift, welche lautet: [E]IN PERT WEDER DE SEEPMAN WOLDE DEN TOLEN HAN GAW[AN].

Ausserdem ist noch ein einzelnes Stück (0,23m h. 0,19m br.) vorhanden, welches einen Ritter zu Pferde zeigt, der mit einer neben ihm stehenden Dame spricht.

Neben der kunstgeschichtlichen Bedeutung dürfen diese Stickereien auch ein literar- und kulturgeschichtliches Interesse in Anspruch nehmen, da sie auf eine niederdeutsche Bearbeitung des „Parzival" hinweisen und einen Schluss auf die Freiheiten des Klosterlebens zulassen.

Herkunft, Technik u. s. w. wie bei Nr. 33.

38. Streifenförmige Wollenstickerei, mit Darstellungen des Samson.

Auf grüner Füllung sieht man zwei abwechselnd sich wiederholende Darstellungen: Samson tödtet den Löwen und ein Pelikan ernährt mit seinem Blute die Jungen. Beide Darstellungen gehören zu den Vorbildern oder Typen Christi.

1,59m l. — 0,27m br.

Herkunft, Technik u. s. w. wie bei Nr. 33.

39. Gestickte Borte einer Altardecke.

Die Stickerei ist auf rother Seide in grüner, blauer, weisser und rother Seide wie in Goldfäden ausgeführt. Das Muster zeigt ein laubenartiges Rahmwerk und innerhalb jeder Laube einen Adler. Die Einfassung besteht aus einer grün- und rothseidenen Kante mit Fransenbesatz.

1,62m l. — 0,15m br.

Anfang des 15. Jahrhunderts.

40. Gestickte Borte einer Altardecke.

Der Grundstoff ist Purpur- und Lilaseide. Das Muster der Stickerei zeigt Ranken mit Blumen in Seiden-, Gold- und Silberstickerei. Die Einfassung besteht in einer durchwirkten rothen, weissen, grauen und lila wollenen Kante.

1,46m l. — 0,15m br.

Ende des 14. Jahrhunderts.

41. Gestickte Borte einer Altardecke.

Diese Borte ist der vorstehend unter Nr. 40 beschriebenen ähnlich, doch stehen die Blumen nicht senkrecht, sondern wagerecht.

1,42m l. — 0,18m br.

Ende des 14. Jahrhunderts.

42. Stück eines halbseidenen Stoffes.

Das Muster zeigt auf grauem Grunde grosse schwarze Pflanzenornamente in schwerer, etwas massiger Zeichnung.

1,68m l. — 0,81m br.

Italienische Arbeit um das Jahr 1400.

43. Stück eines halbseidenen Stoffes.

Das Muster zeigt auf grauem Grunde schwarze Pflanzenornamente, in welchen Hirsche und hernieder fliegende Tauben sich befinden.

1,11m l. — 0,98m br.

Italienische Arbeit um das Jahr 1400.

44. Stück eines halbseidenen Stoffes.

Das Muster zeigt auf grünem Grunde schwarze Blumenornamente, in welchen paarweise Schwäne und Hunde sich gegenüber stehen.

0,60m l. — 0,75m br.

Italienische Arbeit um das Jahr 1400.

Dasselbe Muster ist bei „Fischbach, Ornamente der Gewebe" Taf. 68 abgebildet, wo es als sizilianische Arbeit des 13. Jahrhunderts bezeichnet wird.

45. Stück eines halbseidenen Zeuges romanischen Styls.

Das Muster zeigt auf grauem Grunde in dunklerer Farbe und in verzogenen Vierecken, welche auf der Spitze stehen (Rhomben), regelmässig wiederkehrende Kähne, über welchen eine von Säulen getragene Laube sich befindet und in denen Löwen sitzen.

0,69m l. — 0,47m br.

Deutsche Arbeit; 13. Jahrhundert.

46. Stück eines Wollenstoffes gothischen Musters.

Das Muster zeigt auf schwarzem Grunde grüne Blumenornamente.

0,98m l. — 0,37m br.

Um das Jahr 1500 (?).

47. Stück eines halbseidenen Stoffes.

Das Muster zeigt in rother, grüner und weisser Seide, sowie Goldfäden, Blumenverzierungen.

1,26m l. — 0,19m br.

Italienische Arbeit um das Jahr 1400.

48, 49 und 50. Drei Stücke von rothem geschornen Sammet.

Das im Stoffe ausgeschorne Muster zeigt Pflanzenornamente.

1,11m l. — beziehentlich 0,36, — 0,27 und 0,16m. br.

Italienische, vermuthlich genuesische Arbeit aus der Zeit um das Jahr 1400.

Aus der St. Martinikirche zu Braunschweig.

51. Stück eines Goldbrokatstoffes.

Der Stoff besteht aus Purpurseide, die mit Goldfäden durchwirkt ist. Das Muster zeigt reihenweise zwei Arten grosser Blumenverzierungen.

1,27m l. — 0.57m h.

Italienische Arbeit um das Jahr 1400.

Aus der St. Martinikirche zu Braunschweig.

Das Stück war zerschnitten und mit Stücken anderer Zeuge zu einer Altardecke zusammengesetzt gewesen, ist aber im Juli 1876 wieder in die frühere Gestalt (Theil eines Messgewandes) hergestellt worden.

52. Gestickter Bildstreifen.

Stickerei in Wolle, Seide und Goldfäden auf Leinen. Uebereinander sind in Nischen die Figuren von Johannes dem Evangelisten, Petrus und Johannes dem Täufer dargestellt.

1m l. — 0,18m br.

Deutsche Arbeit; 15. Jahrhundert.

53. Gestickter Bildstreifen.

Gegenstück oder Fortsetzung des vorigen Stückes. Die Figuren stellen Matthäus, Paulus und Matthias dar.

1m l. — 0,18m br.

Deutsche Arbeit; 15. Jahrhundert.

54. Decke, aus verschiedenen Stickereien auf Nesseltuch zusammengesetzt.

In der Gesammtbreite läuft oben ein Querstreifen entlang, über einem breiteren Mittel- und zwei schmaleren Seitentheilen; unter dem Mitteltheile läuft wieder ein Querstreifen entlang. Den Grund bildet das Nesseltuch selbst, die Stickerei ist in Wolle und Seide ausgeführt. — Der obere Streifen besteht in der Mitte aus sechs fast quadratischen Stücken mit springenden Hirschen, die den Kopf rückwärts drehen und in dem Maule einen Eichenzacken halten; r. davon zwei sich ähnliche, stammbaumartige Stücke mit Adlern, l. zwei Stücke mit Vögeln und anderen Darstellungen. Den mittleren Theil bilden zwölf quadratische Stücke, die übereinstimmend in einer laubenartigen Umrahmung einen Reiter zeigen, der in der Rechten ein Wappenschild hält und mit der Linken einen Hund führt. Zwischen den Beinen des Pferdes springt ein anderer Hund. Die Wappen werden auf die Familie von Gustedt (s. Braunschweiger Magazin 1836, S. 200) und Kettelhold (s. Münchener Ausstellungs-Katalog von 1876, II. Theil, S. 117) bezogen. Der untere Streifen besteht aus weiblichen Büsten, die über einem Spruchbande stehen, auf dem das Wort „Amor" zu lesen ist. R. und l. von diesem schliessen den Streifen kleine Flickstücken. Die beiden Seitentheile zeigen Rankenwerk, Vögel, phantastische Thiere, in der Mitte den Pelikan, seine Jungen mit seinem Blute nährend, dann einen Löwen über einem Vogelneste, ein Lamm (?) verschlingend.

2,16m l. – 1,5m br.

I. Gewänder, Stoffe und Stickereien.

Deutsche und ohne Zweifel braunschweigische Arbeit aus der Zeit um das Jahr 1500.

Aus der St. Martinikirche in Braunschweig.

Abgebildet in Obernetter's Werk von der deutschen Kunstgewerbe-Ausstellung in München 1876, Taf. 18.

Eine ähnliche Stickerei besitzt das städtische Museum zu Braunschweig.

II.

Kirchliche Kunstwerke und Geräthe.

55. Evangelienbuch. (Evangeliarium.)

Dies Buch enthält den Text der vier Evangelien in lateinischer Sprache, auf Pergament geschrieben und mit Bildern verziert. Schrift und Malerei sind nicht gänzlich vollendet. Der Vorderdeckel des Einbandes ist aufs reichste geschmückt.

Deckel.

Die beiden Deckel des Einbandes sind Holztafeln, von denen die hintere mit rothem Leder bezogen ist; die vordere ist kostbar verziert und zeigt eine randförmige, 43 bez. 52^{mm} breite Einfassung von Gold, mit Filigranverzierungen, Steinen und Perlen besetzt, in welcher eine Schnitzerei von Wallrosszahn liegt. Diese Schnitzerei besteht aus fünf Theilen: In der Mitte Christus in der Mandorla, umgeben von den vier evangelischen Symbolen in einer goldenen Einfassung, die mit Granaten und Perlen besetzt ist; l. davon Petrus, über ihm ein schwebender Engel, r. Paulus, über ihm ebenfalls ein schwebender Engel; unten die Anbetung der Könige, oben die drei Marien am Grabe. — Zu verschiedenen Malen, zuletzt im Mai 1876, sind mehrere Steine und Perlen der Deckelverzierung, die abgängig geworden waren, ergänzt worden; auch wurde bei letzterer Gelegenheit der fehlende obere Schliessriemen sammt Schloss neu hergestellt.

Inhalt.

Blatt 1 und 2 leer.
,, 2 bis 13 als Einleitung: Der Brief des h. Hieronymus an Papst Damasus und die Canones.
,, 14 leer.
,, 15 (Rückseite) bis 59 (Rückseite): Argumentum und Text des Matthäus.
,, 59 (Rückseite) bis 85 (Rückseite): Argumentum und Text des Marcus.
,, 86 bis 135 (Rückseite): Argumentum und Text des Lucas.
,, 136 bis 173: Argumentum und Text des Johannes.
,, 173 (Rückseite) bis 188: Uebersicht der Sonn- und Festtags-Evangelien.
,, 188 (Rückseite) bis 199 leer.

Uebersicht der Malereien.

Blatt 18 (Rückseite): Verkündigung Mariae.
,, 19 (Vorderseite): Geburt Christi.
,, 19 (Rückseite): Verkündigung der Hirten.
,, 20 (Rückseite): Der Evangelist Matthäus.

Blatt 21 (Vorderseite): St. Michael als Initial L und die Buchstaben IBER.
„ 61 (Rückseite): Der Evangelist Marcus.
„ 62 (Vorderseite): Initial I.
„ 90 (Rückseite): Gefangennehmung Jesu.
„ 91 (Vorderseite): Die Kreuzigung.
„ 91 (Rückseite): Die Marien am Grabe.
„ 92 (Vorderseite): Acht runde Wappenschilder mit je zwei Löwen u. s. w. (Unvollendet.)
„ 92 (Rückseite): Der Evangelist Lucas.
„ 93 (Vorderseite): Initial Q und die Sylben VO–NIA–QVI–DEM. (Zum Theil unvollendet.)
„ 138 (Vorderseite): Die Himmelfahrt Christi.
„ 138 (Rückseite): Der Evangelist Johannes.
„ 139 (Vorderseite): Initial IN und das Wort PRINCIPIO.
„ 139 (Rückseite): Die Buchstaben E–R-A-T. (Unvollendet.)
„ 140 (Vorderseite): Acht runde Wappenschilder mit je einem Löwen, statt des Wortes verbum. (Unvollendet.)

0,31m h. — 0,21m br. — 0,09m dick.

Romanischer Styl der sächsischen Schule, um das Jahr 1200.

Aus dem ehemaligen Kloster Riddagshausen im Jahre 1815 in das Museum gelangt.

Dies hervorragende Werk ist in Bezug auf die Schnitzereien eines der kostbarsten Denkmäler der Kleinkunst, welche die sächsische Bildhauerschule hinterlassen hat, und deshalb von grossem kunstgeschichtlichen Werthe. Zur unmittelbaren Vergleichung in stylistischer Beziehung kann das Grabmal Heinrich's des Löwen im Dome zu Braunschweig dienen, wo andrerseits auch die Wandmalereien eine ähnliche Vergleichung mit den Bildern der Handschrift zulassen.

Abgebildet in Obernetter's Lichtdruckwerk der Münchener Kunstgewerbe-Ausstellung von 1876, Taf. 74

56. Evangelisches Perikopenbuch. (Evangelistarium.)

Der lateinische Text ist auf Pergament geschrieben und mit Initialen, Zierleistchen, sowie auch einigen Bildern geschmückt; einige Blätter desselben fehlen. Der Einband ist modern, doch ist der Vorderdeckel zum grossen Theil mit Verzierungen, die dem alten Einbande angehört hatten, besetzt.

Deckel.

Die beiden Deckel des rothledernen Einbandes, welcher, wie bemerkt, modern ist, sind Holztafeln, von denen die vordere mit silbernen und vergoldeten Verzierungen belegt ist. Diese Verzierungen sind grossentheils alt, zum Theil neu. Die alten Theile zunächst bestehen in den vier Eckstücken und der mittleren Platte. Die Eckstücke zeigen zwischen Verzierungen von Filigran je einen grossen und mehrere kleine Edelsteine, die allerdings zum Theil nicht echt sind. Auf der mittleren Platte ist in erhobener Arbeit der sitzende Heiland, von vorn gesehen, dargestellt, das Buch in der Linken über dem linken Knie haltend und mit der Rechten segnend. Er ist von einer Mandorla eingeschlossen, die mit Filigranverzierungen und verschiedenen Edelsteinen besetzt ist; in den vier Zwickeln ausserhalb derselben sind die

Symbole der vier Evangelisten in ganz flach erhobener Arbeit angebracht, jedoch in der Reihenfolge, dass l. oben Matthäus, l. unten Marcus, r. unten Lucas und r. oben Johannes vertreten sind. Die Darstellung des Christus ist in getriebener Arbeit ausgeführt, während die Zwickelstücken mit den evangelischen Symbolen geschlagen sind. — Die vier zwischen den Eckstücken liegenden Randstreifen sind die ergänzten neuen Theile; die Schliessen sind gleichfalls neu. Uebrigens sind auch an den alten Theilen verschiedene Steine ergänzt.

Inhalt.

Die Handschrift ist, wie bemerkt, nicht mehr ganz vollständig. Es fehlen am Anfang und Ende je ein oder zwei Blätter; gegenwärtig sind noch 144 Pergamentblätter vorhanden. Der Inhalt besteht in der perikopischen Zusammenstellung der Evangelien. Er begann mit den drei Evangelien des ersten Weihnachtsfesttages, welche jetzt fehlen; dann folgt das Evangelium des zweiten Festtages, welches zum grössten Theil bereits vorhanden ist, und weiter die der übrigen Feste der Weihnachtszeit. Blatt 3—13 enthalten die Evangelien der Sonntage nach Epiphanias u. s. w. Mit Blatt 13 beginnt die Fastenzeit, und es sind alle dahin gehörigen Sonn- und Wochentags-Evangelien angeführt. Blatt 40—65 enthalten für die Zeit der Charwoche die Leidensgeschichte Jesu nach den vier Evangelisten, Blatt 66—76 die Evangelien der Ostern und der Sonntage nach Ostern, Blatt 76—114 die des Pfingstfestes und der Sonntage nach Pfingsten, Blatt 114—119 die der drei ersten Sonntage im Advent; das des vierten Sonntages fehlt: vielleicht ging es den Evangelien des Weihnachtsfestes voran. Es folgen dann die Evangelien für einzelne Heilige und für besondere Arten derselben, wie Apostel, Märtyrer, Jungfrauen u. s. w. Da auch das Evangelium der Seelenmessen am Schlusse (Bl. 143) vorkommt, so dürfte die Perikopensammlung bis auf einen kleinen Bruchtheil vollständig sein.

Die Malerei.

Ausser vielen Initialen und kleinen Miniaturen, die als Randzeichnungen dem Text beigesetzt und eingeschaltet sind, befinden sich in der Handschrift mehrere grössere Malereien, nämlich:

Blatt 65 (Rückseite): Die Auferstehung Christi.
„ 66 (Vorderseite): Der Engel und die drei Marien.
„ 116 (Rückseite): Der Evangelist Marcus.
„ 121 (Vorderseite): Der Evangelist Lucas.
„ 126 (Rückseite): Der Stammbaum als Initial L mit der Unterschrift: „iber generationis", welchen Worten der Text mit den Worten „Jesu Christi etc." sich anschliesst.

0,32m h. — 0,24m br. — 0,062m dick.

Deutsche Arbeit; romanischer Styl mit Anklängen gothischer Motive; um 1250.

Aus dem Dome zu Braunschweig im Jahre 1832 in das Museum gelangt.

57. Buchdeckel mit der Darstellung des thronenden Christus.

Der Deckel besteht aus Eichenholz. Die Vorderseite theilt sich in einen breiten Rand, eine nach Innen vertiefte Fase und das innerhalb der letzteren liegende Mittelfeld. Alle diese Theile sind mit Zierrathen aus vergoldetem Kupfer bedeckt: der Rand ist glatt gehalten und mit Bergkrystallen und Glasflüssen besetzt; die Deckstreifen der Fase zeigen geschlagene Ornamente und zwar in zwei verschiedenen Mustern, von denen eines unten und r., das andere oben und l. liegt; das Mittelfeld enthält die stark erhobene Darstellung des thronenden Christus in getriebener Arbeit. Christus, ganz von vorn gesehen, sitzt auf einem Polster, hält das Buch des Lebens mit der Linken in seinem Schoosse und erhebt segnend die Rechte; in dem breiten Heiligenscheine liegt das Kreuz. Die äussere Kante des Deckels ist ringsum mit Messingblech beschlagen und hat an der r. Seite zwei starke Dornen für die Schliessen. Auf der Rückseite sind beträchtliche Spuren von Pergament erhalten, mit dem dieselbe beklebt war, und am Rande l. zwei ziemlich quadratische Löcher, wo die Heftbänder des Buches aufgenagelt waren.

0,48m h. — 0,35m br. — Breite des Randes 0,06m — Dicke 0.038m.

12. (?) Jahrhundert.

Dieser grosse und schwere Deckel hat sehr wahrscheinlich zum Einbande eines jener grossen Bücher gedient, welche die bei der Messe vorkommenden Gesänge enthielten (Cantionalia.) und die auf besonderen Pulten lagen. Die Metallarbeit ist nur eine handwerksmässige und steht der unter Nr. 56 beschriebenen, verwandten Darstellung erheblich nach. — Ein Buchdeckel mit einem ähnlich aufgefassten, thronenden Christus ist bei „Becker u. von Hefner, Kunstwerke u. s. w." II, Taf. 72 abgebildet.

58. Reliquienkästchen aus Wallrosszahn mit Bronzebeschlag, auch unter dem Namen „Runenkästchen" bekannt.

Das Kästchen hat die Form eines hohen Koffers mit walmdachartigem Deckel; das Rahmwerk besteht aus Erz, und sind die geschnitzten Wallrosstafeln als Füllungen in dasselbe eingesetzt. Die Aussenfläche der vorderen Tafel ist in zwölf, die der rückwärtigen Tafel in sechs quadratische Felder, die entsprechenden Deckelflächen in zwei und drei Felder durch schnurartige Stäbe eingetheilt; alle diese Felder und die übrigen Seitenflächen sind mit phantastischen Thiergestalten verziert, deren Leib in einen Schweif ausläuft, der sich seinerseits in einer Schnur fortsetzt, welche in den mannigfaltigsten Verschlingungen angeordnet ist. Die erzenen Rahmen sind gleichfalls mit Verzierungen, und zwar mit eingegrabenen, versehen, mit Ausnahme desjenigen an der Bodenfläche, welcher zweimal dieselbe in Runen gehaltene Inschrift zeigt, die hierneben abgebildet ist.

0,126m h. — 0,126m br. — 0,068m tief.

Irische Arbeit aus dem 7. oder 8. Jahrhundert.

und Geräthe.

Im Jahre 1815 aus Gandersheim in das Museum gekommen.

Wenn früher mehrfach die Herkunft des Kästchens als unbekannt angegeben wurde, so hat ein unlängst aufgefundener Zettel von der Hand des Museumsdirectors, Geheimen Hofrathes Dr. Emperius († 1822) die bestimmte Auskunft gegeben, dass das Kästchen aus Gandersheim stammt. Unter der Gesammtüberschrift „Bereicherungen des Museums im Jahre 1815" führt Emperius als Nr. 3 mit dem Vermerk „Im Oct. 1815" Folgendes an: „Ein elfenbeinernes Kästchen mit Verzierungen und metallner, mit Runen bezeichneter Einfassung. Ehemals war es in Gandersheim. Es enthält zwei vermeintliche Reliquien, nämlich ein Stück vom Hemde der heil. Jungfrau und ein Stück von ihrem Kleide. — Abgeliefert von Hr. Hassel." — In Gandersheim wird es ohne Zweifel der Stiftskirche zugehört haben; die genannten Reliquien sind nicht mehr vorhanden.

George Stephens, Professor an der Universität zu Kopenhagen, hat im „Journal of the Kilkenny and South-East of Ireland Archaeological Society" Nr. 39, Januar 1863, das Kästchen, unter Beigabe von 4 Tafeln Abbildungen und einem Holzschnitt, beschrieben. Er setzt es in die erste Hälfte des 7. Jahrhunderts und hält es für die Arbeit eines in England ansässigen Irländers, die dieser für den h. Eligius, Bischof von Noyon in Frankreich, angefertigt habe. Für die letzteren Behauptungen stützt er sich auf die Runeninschrift, die in altnordenglischem Dialekt gehalten sei und von ihm, wie folgt, gelesen wird:

Urit Nethii Sighyor Aeli in Mungpaelyo Gaelica.

d. h. Nethii verfertigte dies für den Herrn Aeli zu Montpellier in Gallien. — Stephens nimmt nun an, dass Aeli und Eligius gleichbedeutend sei, und da Eligius im Jahre 658 gestorben ist, so bestimmt er die Entstehungszeit des Kästchens wie angegeben. Aber allerdings erklärt er doch schliesslich, dass er eine „bessere Lesung" der Runen nicht für ausgeschlossen hält.

59. Reliquienkästchen aus Elfenbein, m
Darstellungen aus der Geschichte Jesu.

Die Gestalt des Kästchens ist sarkophagähnlich mit walmdachförmigem Deckel. An den vier Seitenflächen des Kastens wie an den vier Flächen des Deckels befinden sich Relief-Darstellungen. Die Beschläge sind von vergoldetem Kupfer. Der Boden ist in späterer Zeit aus zwei Stücken Elfenbein roh hinzugefügt worden; auf einem derselben steht zweimal die Jahreszahl 1345 eingeschnitten. Die Darstellungen sind von ornamentirten Leisten umgeben, innerhalb deren bei den unteren Darstellungen noch ein Rand von Akanthusblättern angebracht ist. Die vertieften Stellen in den Verzierungen dieses Rahmwerkes sind, wie man an den erhaltenen Spuren noch deutlich erkennen kann, mit Blattgold ausgelegt gewesen.

Die Darstellungen selbst sind folgende: An der Schmalseite r. die Verkündigung der Maria, an derjenigen l. die Geburt Christi, über beiden im Deckel je ein schwebender Engel. An der Vorderseite: die Taufe Christi; in der Mitte steht der unbekleidete Heiland von einer Mandorla umgeben, bis zu den Hüften im Wasser, neben ihm Johannes der Täufer, bis an die Knieen ebenfalls im Wasser; die vom Wasser bedeckten Theile beider Gestalten scheinen durch dasselbe hindurch. R. und l. von dieser Gruppe zwei Engel, die trockene Gewänder bereit halten. L. sitzt der Flussgott, der aus der Urne den Jordanfluss hervorströmen lässt. Darüber sieht man auf dem Deckel die herabschwebende Taube, die auf einer Stange zwei Fläschchen im Schnabel hält, umgeben von sechs schwebenden Engeln, von denen vier wiederum Gewänder halten. Auf der Rückseite: Die Kreuzigung. Christus hängt leicht am Kreuze; die Füsse sind nicht angenagelt; unten am Kreuze befindet sich eine Schlange, l. vom Kreuze steht eine Frau mit einer Fahne, welche das Blut Christi in einem Kelch auffängt und die die Kirche vorstellt, weiter Longinus mit einer Lanze und die drei trauernden Frauen, r. der Mann mit dem Schwamme auf dem Rohre und neben demselben eine Urne, ein Scherge und der trauernde heilige Johannes. Zwischen den Häuptern der beiden letzteren Figuren befindet sich ein goldener Stern. Darüber auf dem Deckel hält die Hand Gottes einen Kranz, den zwei herniederschwebende Engel umgeben; l. von dieser Gruppe sieht man innerhalb eines Ringes den Helios auf seinem Rossewagen, rechts ebenso die Selene (Luna) auf ihrem mit Kühen bespannten Wagen, als Personificationen von Sonne und Mond.

Gesammthöhe 0,145m. — Höhe des Kastens ohne Deckel 0,110m. — Breite 0,220m. — Tiefe 0,110m.

10. (?) Jahrhundert.

Die kunstgeschichtliche Bestimmung dieses eigenthümlichen Werkes bietet einige Schwierigkeiten, die sich etwa wie folgt andeuten lassen. Im Allgemeinen lässt der Styl im Ornament und Figürlichen auf eine frühe, noch von byzantinischen Einflüssen bestimmte Zeit der romanischen Epoche schliessen, doch dürften die antiken Vorstellungen, welche in der Personification des Jordan wie der Sonne und des Mondes nachklingen, vorübergehend einige Bedenken wachrufen. Durch die Personification des Jordan als Flussgott wird man zunächst an die bekannten, ganz ähnlichen Darstellungen in den Bap-

tisterien zu Ravenna erinnert, namentlich an die in
S. Giovanni in Fonte, einem Denkmal, welches dem
zweiten Viertel des 5. Jahrhunderts angehört. Und
auch die Darstellungen der Sonne und des Mondes
im antiken Sinne als Helios und Luna weisen ja zunächst auf die Art der altchristlichen Kunst hin.
Hier muss einschaltend bemerkt werden, dass
J. Stockbauer in seiner „Kunstgeschichte des
Kreuzes" (S. 213) sich im entgegengesetzten Sinne
äussert. Er sagt nämlich: „Piper (Mythologie der
Kunst I, p. 141) führt folgende Stelle aus den
Karolingischen Büchern (Carol. M. de impio imag.
cultu lib. III, c. 23) an: ‚Sind nicht die Maler
mit der hl. Schrift in Widerspruch, wenn sie Sonne
und Mond und andern Himmelskörpern menschliche Gestalt und einen Strahlenkranz um das Haupt
geben?' Was damals noch Aufsehen erregte, muss
aber bald ganz allgemein geworden sein, denn
schon in der soeben genannten Bibel Karl's des
Kahlen fährt die Sonne und der Mond jedes mit
einem Zweigespann." Stockbauer nimmt also
an, dass die Personification der beiden Himmelskörper als Gottheiten im antiken Sinne zuerst in der
karolingischen Zeit aufgekommen sei; dem widerspricht jedoch die allgemeine geschichtliche Wahrscheinlichkeit durchaus und die angezogene Stelle
dürfte dasselbe thun. Denn sie setzt die bezeichnete Art der Darstellung als eine Gewohnheit der
Maler voraus und fragt nun, in Uebereinstimmung
mit bekannten Thatsachen der Kirchengeschichte zur
Zeit Karl's des Grossen, ob diese Gewohnheit nicht
mit der heiligen Schrift in Widerspruch stehe? Diese
Gewohnheit kann aber ihren Ursprung nur aus der
unmittelbaren Anlehnung an die Antike genommen
haben; sie muss also im 4. oder 5. Jahrhundert
aufgekommen sein. Irrig jedoch wäre es allerdings, alle Denkmäler, welche solche oder ähnliche Personificationen enthalten, in die altchristliche
Zeit zu setzen, denn einmal in die Kunstübung eingeführt, hielten sie sich bis tief ins Mittelalter hin-

ein. Insbesondere gilt dies von der Darstellung des
Sol und der Luna. Aus dem Gedanken hervorgegangen, dass beim Tode Christi eine Finsterniss entstand und die Sonne ihren Schein verlor (Lucas
XXIII, 44. 45), wurden die beiden Gottheiten als
Büsten mit Strahlenkranz und Halbmond dargestellt,
wie sie mit einem Tuche ihr weinendes Antlitz verhüllen. So aufgefasst und an den Enden beider
Kreuzesarme angeordnet, finden sich Sol und Luna
auch auf den Egsternsteinen, deren Entstehung um
das Jahr 1100 angenommen wird. Ebenso, jedoch
eines über dem andern oberhalb des Kopfendes
stehend, sieht man sie auf einem elfenbeinernen
Buchdeckel deutscher Arbeit aus dem 12. Jahrhundert im städtischen Museum zu Tournay. Gleichfalls
ebenso, doch ohne Strahlenkranz und Halbmond,
jedes eine grosse Fackel haltend, kommen sie auf
einem elfenbeinernen Buchdeckel der Münchener
Bibliothek vor (Cahier, Nouv. mélanges &c. Ivoires
&c. S. 29). In kleiner Büstenform ohne Tuch und
nicht weinend, finden sie sich auf dem schönen elfenbeinernen Kamm im städtischen Museum zu Köln
(Ebendas. S. 67), nur als Köpfe mit Strahlen und
Halbmond auf einem elfenbeinernen Deckel der
Münchener Bibliothek (E. Förster, Geschichte d.
deutsch. Kunst I, S. 60), sowie auf einem andern
der Sammlung Soltikoff (Labarte, Les arts ind.;
Album I, Taf. 14). Auf einem dem 13. Jahrhundert
angehörenden Triptychon in Smaltearbeit von Limoges, welches in der unterirdischen Marienkapelle
des Domes zu Chartres steht, sind bei der Kreuzigung an Stelle der beiden Gottheiten zwei Engel
getreten, welche die Sonnenscheibe und die Mondsichel halten. Man sieht aus diesen wenigen Beispielen, die sich leicht noch zahlreich vermehren
liessen, schon, wie mannigfaltig die Wandlungen
dieser Darstellung sind; doch kommt nun noch die
am meisten antike Auffassung der Gottheiten auf
ihren Wagen in Betracht, wie sie das vorliegende
Kästchen enthält. Das Hauptbeispiel einer solchen

Darstellung dürfte ohne Zweifel der berühmte Elfenbeindeckel des, aus dem Domschatze von Bamberg stammenden, grossen Evangelienbuches sein, welches jetzt in der Bibliothek zu München sich befindet. (Kugler, Kleine Schriften Bd. I, S. 80. — Abgebildet bei E. Förster, Denkmale deutsch. Bildnerei und Malerei Bd. I. — Ferner farbig abgebildet bei Labarte, L. arts ind. &c. Alb. I, Taf. 40.) Die Darstellung der Kreuzigung auf diesem Elfenbeindeckel ist der auf dem vorliegenden Kästchen sehr ähnlich: dieselbe Haltung Christi am Kreuze, unten die Schlange, l. die Frau mit der Fahne, Longinus, die trauernden Weiber, r. der Mann mit dem Essigschwamm, die Urne, der trauernde Johannes, über dem Kreuze die Engel und die Hand Gottes (jedoch ohne Kranz), dann Helios und Luna auf ihren Gespannen. Die Verwandtschaft ist schlagend. Jedoch ist das Münchener Werk, welches dem Anfange des 11. Jahrhunderts angehört, künstlerisch viel vollendeter und schöner, was nicht nur seinen Grund in der grösseren Meisterschaft des Verfertigers, sondern auch in einem allgemeinen stylistischen Fortschritt haben dürfte. Denn auf dem vorliegenden Kästchen spielen, wie bemerkt, byzantinische Einflüsse noch eine Rolle; namentlich geht dies aus den beiden kleineren seitlichen Darstellungen hervor, besonders der „Verkündigung Mariae", welche derselben Darstellung auf einem im Louvre befindlichen Elfenbeinkästchen sehr entspricht (Labarte, Les arts ind. &c. Album I, Taf. 10). Dies Kästchen wird von Labarte für eine byzantinische Arbeit des 9., von Sauzay (Notice des ivoires &c. S. 25, No. 69) des 10. Jahrhunderts gehalten, und es scheint danach das vorliegende Kästchen wohl am richtigsten ebenfalls dem 10. Jahrhundert zugewiesen werden zu können; doch dürfte es wohl nicht byzantinischen, sondern deutschen Ursprungs sein. — Hinsichtlich der beiden Fläschchen, welche die Taube in ihrem Schnabel hält, möchte auf die Legende von der Taufe des Frankenkönigs Chlodwig zu verweisen sein, nach welcher das heilige Oel in einer Flasche (ampulla) durch eine Taube herabgebracht worden sei.

60. Reliquienbehälter mit dem Arme des heil. Blasius.

Dieses in Form eines rechten Armes gearbeitete Reliquiengefäss besteht aus Holz; es ist inwendig, zur Aufnahme der Reliquie, hohl, von Aussen mit starkem Goldblech überzogen. Ein Armband umschliesst das Handgelenk, ein anderes den Ellenbogen, und beide sind durch ein die Länge des Armes schräg durchlaufendes Band verbunden. Sämmtliche Bänder bestehen gleichfalls aus Gold; sie sind von feinen Perlstäbchen eingefasst und mit Filigranverzierungen, zwischen denen Perlen und Edelsteine angeordnet sind, besetzt. Das obere Armband ist ausserdem mit neun, der Querstreifen mit zwei, das untere ebenfalls mit zwei kostbaren antiken Gemmen geschmückt: auf dem letzteren ist überdies in der Mitte ein grösserer antiker Cameo aus Sardonyx, einen Minervenkopf darstellend, und an den beiden Seiten zwei kleine, rund in Edelstein gearbeitete Köpfe angebracht. — An den Fingern der Hand befinden sich 17 verschiedene Ringe. — Auf der Platte, welche den Durchschnitt des Armes am Ellenbogen schliesst, ist folgende Inschrift in Kapitälbuchstaben von guter Antiquaform eingegraben:

1) rings am Rande zwischen zwei Linien hinlaufend:

BRACHIV̄ SCĪ BLASHE̅ HIC INTVS hABETVR INTEGRV̄.

2) auf der Fläche in zwei gerade laufenden Zeilen zwischen je zwei Linien:

GERThRVDIS hOC
FABRICARI FECIT.

0,513m h.

Aus dem Dome zu Braunschweig im Jahre 1829 in das Museum gelangt.

P. J. Rehtmeyer berichtet in seiner „Der berühmten Stadt Braunschweig Kirchen Historie etc." (Braunschweig 1707. I, 102) über diesen Reliquienbehälter wie folgt: „Und findet sich davon noch der Arm St. Blasii, in übergüldeten Silber-Blech eingefasset, mit zweyen Armbänden, so mit allerhand Steinen und Perlen besetzet, auf jeden Finger 4 Ringe haltend, welchen Hertzog Heinrichs des Löwen Frau Mutter, Gertradis, machen lassen, wie die Auffschrift bezeuget, u. s. w." Rehtmeyer nimmt also, wohl jedenfalls der herkömmlichen Ueberlieferung folgend, an, dass die Herzogin Gertrude, Kaiser Lothar's Tochter und Mutter Heinrich's des Löwen, welche im Jahre 1143 starb, die Stifterin dieses kostbaren Gefässes sei; ob er hierin Recht hat, muss dahingestellt bleiben, da vor und nach dieser Gertrude noch andere Fürstinnen dieses Namens, so Heinrich's des Löwen Tochter selbst († 1196), im braunschweigischen Hause vorkommen. Mit einiger Wahrscheinlichkeit ist auf eine ältere Gertrude († 1117) hingewiesen worden, da diese in kirchlichen Dingen sehr thätig war und unter Anderem auch das Aegydienkloster zu Braunschweig stiftete (Rehtmeyer, Braunschw.-Lün. Chronica etc. S. 282 u. 283). Von anderer Seite wieder ist mit Bestimmtheit eine noch ältere Gertrude († 1077) genannt worden, da man von dieser noch andere kostbare Reliquiarien mit ähnlichen Inschriften besitzt, welche gegenwärtig Bestandtheile des, in den Händen des Herzogs von Cumberland befindlichen, sog. Welfenschatzes ausmachen (Bethmann, „Die Gründung Braunschweigs" in Westermann's Monatsh. X, 538 ff.; Aug. 1861. — Vergl. auch „Jungii Disquisitio antiq. de reliquiis &c." mit d. Anh. über d. Braunschw. Reliquienschatz. Hannover 1783). Aus der Technik und dem künstlerischen Charakter lassen sich Schlüsse auf eine ganz bestimmte Entstehungszeit nicht ziehen, nur im Allgemeinen dürfte auf das 11. oder 12. Jahrhundert hingewiesen werden können. — Ribbentrop folgt bei der Erwähnung des Reliquienbehälters in seiner „Geschichte der Stadt Braunschweig" (I, 174. Braunschweig 1789.) den Angaben Rehtmeyer's, doch giebt er in der Vorrede (c. 4) noch folgende Ergänzung, die zum Theil Berichtigendes, zum Theil Neues enthält: „Der auf der Kapittelstube befindliche aus Holz gemachte und mit Goldblech überlegte Arm, dessen ich Seite 174 erwähnt habe, ist auf mein Ansuchen mit Erlaubniss des ehrwürdigen Domkapittels eröfnet worden. Es fand sich darin ein in gelblich seidenes Zeug eingewickelter oberer Armknoche, und nicht der ganze Arm, wie die Inschrift sagt. Dabei lag eine kleine Streife Pergament mit der Inschrift Sci. blasii. epi. & mar. Eine Jahrzahl suchte man darin umsonst. Die Form der Buchstaben giebt aber ein hohes Alter zu erkennen. In einem auf den Fingern dieses Arms steckenden Ringe waren die Buchstaben *ewech*, und in einem andern die Worte *miden tut mir liden* eingegraben. Vermuthlich haben diese Ringe als Trauerringe gedienet, und sind nachher dem heiligen Blasius geopfert." Leider ist der erwähnte kleine Pergamentstreifen nicht mehr vorhanden, doch ist die Reliquie selbst mit den Zeugstücken in ihrem Behälter noch wohl verwahrt. Von den bei Rehtmeyer und Ribbentrop erwähnten fünfmal 4, also 20 Ringen; sind, wie bemerkt, noch 17, darunter auch die beiden mit den Inschriften versehenen, an ihren Stellen vorhanden. Was Ribbentrop mit dem Worte „Trauerringe" sagen will, wird sich nicht leicht bestimmen lassen; vielleicht meint er, dass die

Ringe durch letztwillige Verfügungen oder von den Hinterbliebenen der Verstorbenen an die Reliquie des heiligen Blasius gestiftet worden seien. — Fr. Görges, Der St. Blasius-Dom etc., S. 111 giebt nichts Selbständiges über diesen Gegenstand.

61. Reliquienbehälter des h. Cyriacus in Form einer Büste.

Die aus Holz gefertigte und mit Silberblech überzogene Büste stellt in Lebensgrösse den h. Cyriacus vor. Das Gesicht ist in jugendlichen Formen gehalten und zeigt ein gewisses Lächeln, welches an die archaistischen Typen erinnert; Lippen, Augenlider, Augenbrauen und Augensterne sind roth, braun, schwarz und weiss angemalt; die Haare sind vergoldet. Das etwas faltige Gewand ist beim Halse durch ein kragenähnliches breites Band von vergoldetem Blech geschlossen, welches ein einfaches Muster enthält und mit Krystallen und Edelsteinen besetzt ist. Ein ähnliches Band schliesst unten die Büste ab. Beide Bänder sind an den Schultern durch schmale Streifen mit einfachen Blumenornamenten, sowie auch durch ein breites, den vorigen ähnliches Band, welches einer Stola gleich von der linken Schulter quer über Brust und Rücken geht, verbunden. Auf dem Kopfe ruht eine Blätterkrone. Eine Höhlung im Kopfe, welche die Reliquie des Heiligen noch enthält, ist durch ein Blech in Form einer Schädeldecke geschlossen. — Die Technik ist eine ziemlich rohe. Ueber der Büste von Eichenholz ist das dünne Silberblech geschlagen und dann aufgenagelt. Das Gesicht bis unter das Kinn ist aus einem Stück gefertigt. Die Muster der gerade laufenden Bänder sind geschlagen, das des schräg laufenden ist aufgelegt und fest genagelt.

0,515ᵐ h.

Vermuthlich eine Arbeit aus dem 13. Jahrhundert.

Aus dem Dome zu Braunschweig im Jahre 1832 in das Museum gelangt.

Der heil. Cyriacus war Bischof von Jerusalem im 3. Jahrhundert. Ein ihm zu Ehren erbautes und im Jahre 1068 geweihtes Chorherrenstift nebst Kirche vor dem Michaelisthore Braunschweigs, gegen Eisenbüttel hin, besass die Reliquien des Heiligen, zu deren Aufnahme die vorbeschriebene Büste angefertigt wurde. Als das Stift im Jahre 1545 seitens der Stadt, zum Zwecke ihrer besseren Vertheidigung gegen Herzog Heinrich den Jüngern, der sie bekriegte, zerstört wurde, wurde den Chorherren seitens des Stiftes St. Blasii (Domkirche) die daselbst an den Kreuzgängen belegene St. Johannis-Kapelle zum Gottesdienste eingeräumt. Hierher wurde auch die Büste des heil. Cyriacus übertragen und hier blieb sie bis zu ihrer Aufnahme in's Museum. Vergl. P. J. Rehtmeyer, „Der berühmten Stadt Braunschweig Kirchen-Historie etc." I, S. 31, 35, 41. —

62. Reliquienbehälter in Form eines Armes aus Holz.

Der rechte Unterarm steht aufrecht auf einem Brettchen. Er ist mit einem engen Unterärmel und einem weiteren faltenreichen Ueberärmel bekleidet, welcher letztere am Knöchel aufgeschlagen ist und hier das blaue Futter zeigt; alle übrigen Theile der Bekleidung sind vergoldet. Die Hand selbst, welche mit dem Daumen und dem Zeigefinger etwas gehalten hat, ohne Zweifel das Attribut des Heiligen, welchem die Reliquien zugehören, war versilbert, doch ist die Versilberung theils oxydirt, theils abgerieben. — Die Reliquie, welche im Arme unter einer Decke von durchscheinendem Horn aufbewahrt wird, besteht aus den Röhrknochen eines kleinen Menschen, vermuthlich einer Frau; sie ist in Seidenzeug gewickelt. — Der Kern besteht aus Eichenholz. Dieses ist dann mit Leinwand überklebt, welche wieder mit einem Kreidegrund überzogen ist, auf welchem dann die Farben, das Gold und das Silber aufgetragen worden sind.

0,425m h.

Deutsche Arbeit vom Ende des 15. oder Anfang des 16. Jahrhunderts.

Erworben 1873. Ehedem im Besitze der Familie von Vechelde und wahrscheinlich in deren, bei der Martinikirche befindlich gewesenen Kapelle aufbewahrt (vergl. auch Braunschw. Magazin. 1836. S. 199).

63. Reliquienbehälter in Form eines Kreuzes, aus Silber, vergoldet.

Der Behälter ist aus zwei kreuzförmigen Tafeln von Silberblech, die durch ein durchbrochenes, der Form des Kreuzes folgendes gothisches Zickzack-Ornament verbunden sind, gebildet; der leere Raum im Innern ist zur Aufnahme der Reliquien bestimmt gewesen. Die vier Balken des Kreuzes endigen in eine Kleeblattform. An der vorderen wie hinteren Seite ist ringsum ein Rand gezogen. Vorn ist innerhalb desselben ein Kreuz gestochen, dessen

Enden in die Verzierungen der vier Kleeblätter
übergehen. Auf diesem gestochenen Kreuze
liegt in erhobener Arbeit der Körper des Gekreuzigten mit dem Inschriftbande, während in
den Kleeblättern ebenso die Symbole der vier
Evangelisten angebracht sind. Das kleine Kreuz
bildet zugleich den Deckel für das Innere. Auf
der Rückseite ist in der Mitte die gekrönte
Maria mit dem Kinde über dem Halbmonde,
in den vier Kleeblättern an den Enden der
Kreuzesbalken die Heiligen Andreas, Barbara,
Christoph und Catharina (von denen sich wahrscheinlich einst Reliquien hier befanden) in
Grabstichelarbeit dargestellt. An dem oberen
Kleeblatt befinden sich zwei Oesen, um das
Kreuz an einer Schnur um den Hals tragen zu
können.

0,090m h. — 0,076m br.

Deutsche Arbeit aus dem 15. Jahrhundert.

64. Inschrifttafel und
65. Reichsapfel in Blei, aus dem Grabe des
Kaisers Lothar in Königslutter.

Die Inschrifttafel, etwa 3^{mm} stark, ist
in mehrere Stücke zerbrochen und auf einer
eingerahmten Metalltafel mit Mastix in best-
möglicher Zusammenstellung aufgeheftet. Die
unregelmässige Gestalt derselben, die auch jetzt
noch deutlich zu erkennen ist, sowie die Krümmung der den Buchstabenzeilen vorgerissenen
Linien, die im unteren Theile 4 bis 5^{mm} beträgt,
geben der Vermuthung Raum, dass die Gestalt

II. Kirchliche Kunstwerke

der Tafel ursprünglich keine ebene, sondern eine gekrümmte gewesen sein könne. Die Inschrift selbst ist in lateinischen Capitälbuchstaben von ungleicher Grösse auf eine rohe oder doch flüchtige Weise mit einem Grabstichel oder spitzem Messer eingeschnitten; sie lautet:

```
LOTHARIVS   DI   GRA
ROMANORV    IMPERA
TOR AVGVS   TVS
REGNAVIT    ANNOS
XII·  MENSES·  III·   DI
ES·  XII·  OBIIT·  AVTEM
II·  NONAS·  DECEM
BRIS·VIRINXPOFIDELIS
SIMP·  VERAX·CONSTAS·  PA
CIFICVS·MILES IMPTERRITV̄
REDIENS·  ABAPULIA·SAR
RACENIS·  OCCISIS·  ET·E
IECTIS·
```

0,176 bis 0,189m h. — 0,200 bis 0,203m br.

Der **Reichsapfel** besteht aus einer kleinen Kugel, auf welcher das Kreuz steht; er hat durch Oxydirung des Metalles in seiner Gestalt sehr gelitten, auch war das Kreuz gebrochen und ist danach wieder zusammengefügt worden.

Gesammthöhe 0,080m, Breite des Kreuzes 0,068m, Durchmesser des Apfels schwankend zwischen 0,038 und 0,042m.

Abgebildet in „Orig. Guelf." Tom. II, Tab. VIII, wo in der Inschrift der Tag des Todes „II nonas Decembris" richtig angegeben ist, während im Texte (S. 351), wo die Inschrift ebenfalls mitgetheilt wird, statt der II eine III steht, was angesichts der Tafel irrig ist. Von der Hand des daselbst Seite 352 genannten Abtes Fabritius besitzt das Museum ein Schriftstück folgenden Inhalts:

„Das Grab des Kaysers Lotharii II in der Stifts-Kirche Königslutter ist auf Befehl des Herrn Joachim von der Streithorst Anno 1620 den 14. Januarii, zwischen 1 und 2 Uhr nach Mittag, eröffnet, und herausgenommen worden
1) Eine bleyerne Tafel, worauf die lateinische Inscription von des Kaysers Leben und Tod.
2) Der Reichsapfel von rohem Bley, mit einem auch bleyernen darüber stehenden Creuzlein.
3) Des Kaysers Schwerd.
4) Ein kleiner Kelch, mit einem Oblaten-Schüsselein, beyde von Silber.
5) Ein Stück Korck, so unter den Stiefel gesessen.
6) Etwas vom Sporn.
7) Ein Stück Doppeltaffet vom Rock, so beym Eröffnen schön Carmesinroth gewesen, bald aber darauf sich ins bleiche und fahle verändert.

Die bleyerne Tafel, worauf die Inscription gar schlecht und ohne Kunst eingeritzet, und die zerbrochen aus dem Grab genommen worden, sammt dem Reichsapfel, sind noch vorhanden, und werden in des Abtes Stuben auf dem Stift verwahret; die übrigen Sachen aber sind wegkommen, und das Schwerd soll in Wolfenbüttel, etwa im Zeughaus seyn. Weil die Inscription niemahls recht abgeschrieben, noch der Reichsapfel eigentlich getroffen worden, habe ich jene abschreiben, und diesen samt den Kelch und Oblaten-Schüsselein abreissen lassen. So geschehen im Stift Königslutter Anno 1722 den 29. Octobris.

Johannes Fabriciy,
Abbas."

Die am Schlusse hier erwähnten drei Zeichnungen liegen dem Schriftstück bei und entsprechen den Abbildungen auf Tab. VIII der „Orig. Guelf."

Kaiser Lothar, der Herzog von Sachsen und Graf von Supplinburg, wurde im August 1125 zum deutschen König gewählt und starb in Breitenwang an der bayrisch-tyrolischen Grenze am 3. Dezember

1137 in einem Alter von annähernd 65 bis 70 Jahren. Seine Leiche wurde am 31. Dezember desselben Jahres in der Kirche des Klosters Lutter (Königslutter) beigesetzt. Die bleierne Inschrifttafel und der Reichsapfel sind also in den letzten Tagen des Dezembers des Jahres 1137 angefertigt worden.

66. Der Körper Christi, in Erz gegossen, von einem Crucifix.

Der Körper Christi, welcher mit Ausnahme der Arme hier erhalten ist, hat ziemlich gestreckte Verhältnisse, also eine geringere Breite. Das Gesicht ist ältlich und von orientalischem Typus; der Bart und das lange, auf die Schultern herabfallende Haupthaar umgeben dasselbe. Das Haupt ist ohne Dornenkrone oder sonstige Krone gelassen. Die r. Schulter ist höher als die l.; die Arme waren gerade ausgestreckt. Der Unterleib ist stark vorgeschoben und von einem bis zu den Knieen reichenden Lendentuch umgeben, welches in der Höhe der Hüften geschürzt und unter dem Nabel schleifenartig geschlungen ist. Die Füsse stehen gerade neben einander, mit den Zehen nach unten, und tragen keine Nagellöcher; sie standen auf einem besonderen Blocke auf. Unter denselben ist ein Zapfen mit einem Loche, der zur Befestigung an dem hölzernen Kreuze gedient hat. Kopf und Beine sind als Vollguss, das übrige Stück als Hohlguss, der hinten offen ist, ausgeführt. An der r. Brust ist ein Loch.

Höhe von den Fufsspitzen bis zum Scheitel 0,107m.

Von hohem Alterthum; vermuthlich eine byzantinische Arbeit oder die abendländische Nachbildung eines byzantinischen Vorbildes.

Aehnliche Stücke sind bei „Essenwein, Kunst- u. kulturgesch. Denkmäler d. germ. Museums in Nürnberg" (Taf. 10, besonders No. 6) abgebildet und werden da ins 11. und 12. Jahrhundert gesetzt.

67. Der gekreuzigte Christus, aus Buchsbaumholz.

Der Körper hängt tief und ein wenig schräg verschoben an den nach oben gereckten Armen; der Unterleib ist eingezogen, die Knie vorgestreckt und die Füsse, welche neben einander liegen und deren jeder von einem Nagel durchbohrt ist, mit den Sohlen gegen das Holz des Kreuzes hingedrückt. Das dornengekrönte Haupt ist nach der r. Schulter und nach vorn geneigt, die Augen sind geschlossen, der Mund schmerzlich geöffnet. Unter der r. Brust befindet sich die von dem Speere gestossene Wunde. Das Lendentuch ist mit einem Strick um die Hüften geschlungen und bildet zu beiden Seiten frei herabhängende Gewandmassen, an der l. Hüfte kleinere, an der r. grössere. — Die Arme sind aus besonderen Stücken gearbeitet und angesetzt. Einige Fingerglieder sind ergänzt und verschiedene Zacken der Dornenkrone abgebrochen. Das Kreuz und die Nägel sind neu.

Länge des Körpers von den Fufsspitzen bis zur Dornenkrone 0.344m und bis zu den Fingerspitzen des l. Armes 0,397m.

Ausgezeichnete deutsche Arbeit vom Ende des 15. Jahrhunderts.

68. Der thronende Weltheiland mit Maria und Johannes dem Täufer, halb erhobene Arbeit in Glasschlackenfluss.

Die Mitte der Darstellung nimmt Christus auf einem Throne sitzend ein; mit der l. Hand hält er das geöffnete Buch des Heils, die r. Hand hält er segnend vor seiner Brust. Den Kopf umgiebt ein Heiligenschein mit der Kreuzesform; l. und r. von demselben befinden sich die Buchstaben $\overline{IC}$ und $\overline{XC}$. Zu den Seiten Christi stehen, in Figuren kleineren Massstabes, Maria und Johannes, jene zu seiner Rechten, dieser zu seiner Linken; Beide sind gegen ihn gewendet und strecken Arme und Hände verehrend ihm entgegen. — Die Ecken der kleinen Tafel sind abgerundet. Die Formen der Gesichter haben durch Reibung gelitten.

0,049m h. — 0,042m br. — 0,011m dick.

Byzantinische Arbeit.

Die Zusammenstellung Christi mit Maria und Johannes dem Täufer hat in der griechischen Kirche frühe schon eine hervorragend heilige Bedeutung erhalten. Christus wurde dabei als „Allherrscher" ($παντοκράτωρ$) aufgefasst (Offenbarung I, 8 u. a. a. O.), Maria als die „Heiligste" aller durch das Erlösungswerk Geheiligten, Johannes als der „Vorläufer" ($πρόδρομος$), der letzte und grösseste aller Propheten. Die Vereinigung dieser drei Figuren bildete die Mitte und das Hauptstück aller cyklischen Malereien (vergl. Didron und Schäfer, Handbuch der Malerei vom Berge Athos, S. 393), doch wurde sie auch einzeln dargestellt (vergl. Becker und von Hefner, Kunstwerke und Geräthschaften u. s. w. I, Taf. 31). In der abendländischen Kunst ist diese Zusammenstellung auch wohl einzeln dargestellt worden, doch hat sie ihre hauptsächlichste Stelle innerhalb der Darstellungen des jüngsten Gerichtes gefunden, wo sie beinahe typisch geworden ist.

69. Predigt Johannes des Täufers, Bildwerk in Solenhofner Kalkstein von Albrecht Dürer (geb. zu Nürnberg 1471, gest. ebenda 1528).

Auf einem Felsen, l. in der ganzen Darstellung, steht hinter einer aus Baumstücken hergerichteten Predigtbrüstung Johannes, das Kreuz zwischen seinen Armen haltend. Vor dem Felsen, das Gesicht dem Predigenden zugekehrt, sitzt eine, ganz frei gearbeitete, Frau, mit einem Kinde auf ihrem Schoosse; neben ihr steht ein Korb. In der Mitte des Ganzen sitzt eine Mutter, die ihrem Kinde die Brust giebt. R. von dieser steht ein Ritter mit langem Schwerte und einer Hellebarde; auf dem Kopfe hat er einen grossen Federbusch. Er ist mit einer an ähnlicher Stelle der Composition befindlichen Figur in dem Ecce homo der grossen Holzschnittspassion (Bartsch, II. 9) fast genau übereinstimmend. Hinter ihm und der säugenden Mutter setzt sich der Kreis der Zuhörer bis in den Hintergrund fort, welchen eine bergige Landschaft schliesst. L. unten befindet sich das flach erhobene Monogramm des Meisters und darüber die vertieft eingeschnittene Jahreszahl 1511. Auf eine Schiefertafel aufgelegt. — Das Schwert des r. im Vordergrunde stehenden Ritters ist ergänzt. Der l. Daum und das dritte Glied vom r. Zeigefinger des

Johannes sind abgebrochen. Am oberen Rande sind an zwei und am unteren an einer Stelle kleine Stücke ausgebrochen.

0,199m h. — 0,140m br.

Das Gegenstück dieses berühmten, mit ausgezeichneter Kunst gearbeiteten Werkes, die „Geburt Johannes des Täufers", in derselben Art und derselben Grösse ausgeführt, befindet sich im britischen Museum zu London; es ist mit dem Monogramm des Meisters und der Jahreszahl 1510 bezeichnet. (Abgeb. bei E. Förster, Denkm. deutsch. Bildn. u. Mal. Bd. III. — Vergl. Waagen, Kunstw. u. Künstler in England I, 131/132. — L. Fagan, Handbook to the departm. of prints a. drawings etc. S. 73.) Zwei Wiederholungen des hiesigen Werkes besitzt die Ambraser-Sammlung zu Wien; sie sind beide von Georg Schweigger (geb. zu Nürnberg 1613, gest. ebenda 1690) gearbeitet, die eine in unveränderter Behandlung vom Jahre 1645, die andere, mit bedeutenden Veränderungen ausgeführt, vom Jahre 1648. Das Verhältniss dieser beiden Wiederholungen zu dem hiesigen Originale ist folgendes: Das Exemplar von 1645 erscheint als eine Copie, die jedoch ängstlich und unfrei gemacht und deshalb bei Weitem weniger empfunden und durchgeistigt ist. (Abgeb. bei E. v. Sacken, Kunstw. u. Geräthe d. Ambr.-Sammlung etc. Taf. 18.) Dagegen ist das Exemplar von 1648, welches die Composition verändert und das Ganze in den Styl und die Tracht des 17. Jahrhunderts überträgt, viel besser und freier behandelt, auch wahrer und wärmer empfunden. Schweigger hat also bei Anfertigung der Copie von 1645 sich in den Styl und Geist des Originales von 1511 nicht völlig und treu finden können, dagegen hat er sich bei Anfertigung der freien Wiederholung von 1648 als ein im Geschmacke seiner Zeit sicher und lebensvoll arbeitender Künstler bewährt. Man darf aus diesem Thatbestande nun auch weiter schliessen, dass das Original Dürer's im Jahre 1645, wo es Schweigger copirte, sich noch zu Nürnberg befand. Dass Schweigger gerade in diesem Jahre zu Nürnberg war, bezeugt die Inschrift seiner „Verkündigung des Zacharias" in der Ambraser-Sammlung (II. C. Nr. 20a). Leider fehlt es an Nachrichten, wie das Werk nach Braunschweig gekommen ist. Die älteste Erwähnung desselben findet sich in „T. Querfurth's Beschreibung von Salzdahlum etc.", die zu Braunschweig 1711 oder 1712 erschien; es heisst daselbst im Kataloge unter Dürer bei Nr. 4: „Ein Johannes in Marmor geschnitzt, ein Stück das zu bewundern steht, dergleichen nicht mag gesehen werden, hoch 8 Zoll, 6 Zoll breit." Man wird also folgern dürfen, dass das Werk in der Zeit zwischen der Mitte des 17. und dem Anfang des 18. Jahrhunderts, und zwar als eine Arbeit Dürer's, von Nürnberg, unmittelbar oder mittelbar, nach Salzdahlum gelangt ist, von wo es, nachdem im Jahre 1755 das Museum zu Braunschweig gestiftet war, hierher übertragen wurde.

Abgebildet in leidlichen Holzschnitten bei Lacroix, Les arts au moyen-âge etc., S. 379 und in Westermann's Monatsheften vom November 1876.

70. Maria mit dem Leichnam Christi,
erhobene Arbeit in Solenhofner Stein.

Auf dem Calvarienberge unten am Fusse des Kreuzes sitzt Maria in Gestalt einer ältlichen Frau; ihr Körper, in ziemlich gestreckter Haltung, ist gegen den r. Rand der Darstellung hingewendet. Auf der entgegengesetzten Seite, in ähnlicher Haltung, ruht der bis auf das Lendentuch nackte Leichnam Christi, unter seinem r. Arm vom r. Arm der Maria gestützt und sein Haupt in den Schooss der Mutter neigend. An seinem l. Fusse im Vorgrunde liegt ein Todtenkopf und ein Täfelchen mit der Jahreszahl 1589, weiter, in der Mitte die Dornenkrone und r. eine Kneifzange. Am Fusse des Kreuzes, über dem Haupte der Maria ist eine breite Tafel aufgehängt, welche einen verzierten Rahmen mit Eck- und Seitenstücken hat; auf derselben stehen diese Worte:

ER IST VMB VNSER MISSETH
AT WILLEN VERWVNDET. ES. 53.

Auf dem Seitenstücke l. steht der Name:

ISRAEL

und auf dem r. die Buchstaben:

·V·D·M·

In der Mitte geht quer durch die ganze Darstellung ein Bruch des Steines, ein anderer oben durch die l. Ecke; beide Brüche sind gekittet worden. — Als Unterlage dient eine Tafel von Schiefer.

0,219m h. — 0,156m br.

Deutsche Arbeit vom Jahre 1589.

Die Bezeichnung des Werkes mit „Israel v. d. M." ist ohne Zweifel auf den Künstler desselben zu beziehen, entweder denjenigen, der es ausgeführt hat, oder den, von welchem die Zeichnung herrührt, doch geben die Handbücher keinen Aufschluss über die Deutung des Monogrammes. Mit dem Namen des um mehr als ein Jahrhundert älteren Meisters, Israel van Mecken, würde dasselbe nur dann in Verbindung zu bringen sein, wenn man annimmt, dass der Künstler von 1589 nach einer in seine Hände gelangten Zeichnung dieses Meisters gearbeitet habe. Sollte eine solche sich in einer Sammlung erhalten haben, so dürfte allerdings eine Klärung der Frage erwartet werden. Dass das Monogramm hier von einem andern und spätern Künstler mit Hinzufügung eines

·D· wiedergegeben ist, kann in Anbetracht der vielen Schwankungen, welche der Name Israel van Mecken im Laufe der Zeiten erlitten hat, nicht befremden oder entscheidende Bedenken erregen. (Vergl. Nagler, Monogrammisten etc. II, S. 1084 u. III, S. 148. — Kramm, De levens en werk. der holl. en vlaam. Kunstschilders etc. IV, 1080 u. ff.) — Dieselbe Darstellung in Marmor und in etwas grösserem Mafsstabe (0,35/0,29 m) ausgeführt, befindet sich in der städtischen Kunstsammlung zu Bamberg (Verzeichniss von 1874, S. 99, Nr. 67); jedoch ist dieselbe ihrer Entstehungszeit nach etwas später zu setzen und also vermuthlich nach dem hier vorliegenden Originale copirt. — Eine ähnliche spätere, jedoch kleinere Wiederholung in Silber besitzt das herzogl. Museum selbst; sie ist unter der folgenden Nr. aufgeführt.

71. Dieselbe Darstellung in Silber.

Mit kleinen Abweichungen und geringen stylistischen Aenderungen giebt dies Werk die unter voriger Nr. beschriebene Darstellung wieder. Es ist in Silber geschlagen und an der Vorderseite nachgearbeitet. Die r. Hand Christi mit dem benachbarten Randstücke sind ergänzt.

0,17m h. — 0,11m br.; oben an den Ecken gerundet.

Deutsche Arbeit. Anfang des 17. Jahrhunderts.

72 bis 81. Zehn Tafeln von Alabaster, mit Darstellungen in stark erhobener Arbeit, in reich verzierten Rahmen.

Alle diese Stücke sind von demselben Künstler, in derselben Art und Weise ausgeführt worden. Die Ränder der Kleider und Gewänder, wie die Verzierungen derselben, die

Waffenstücke, die Haare und dergl., wie auch die Landschaften und Architekturen sind mit Gold gehöht. Die Compositionen der einzelnen Darstellungen lehnen sich, mit Ausnahme der beiden letzten Nummern, an bestimmte Vorbilder in Dürer's „Passionen". Doch sind überall Veränderungen vorgenommen worden, sowohl theilweise in Hinsicht der Anordnung und Haltung der Figuren, wie durchweg in Hinsicht der Formengebung und des stylistischen Charakters. In letzterer Beziehung muss namentlich die grössere Reinheit im Flusse und in den Linien der Gewandungen, die altrömische Tracht der Kriegsleute und alles Ornamentale wie Architektonische, welches der Weise der Renaissance entspricht, hervorgehoben werden: es liegt also die beabsichtigte Lossagung vom Styl Dürer's und die bestimmteste Anlehnung an die italienischen Vorbilder vor. — Die Rahmen bestehen aus einer äusseren hohen und einer inneren niedrigen Leiste, zwischen denen ein breites Flächenornament etwa im Style des Virgilius Solis liegt, welches in einer Masse aus einer Form gedrückt ist. Die Rahmen sind vergoldet.

Die einzelnen Darstellungen sind folgende:

72. Die Verkündigung Mariae.

R. am Betpulte Maria knieend unter einem Betthimmel, l. stehend der Engel Gabriel. Vergl. Dürer. Bartsch. Holzsch. 19.

73. Der Oelberg.

R. Petrus, l. Johannes, über diesem Jacobus, weiter Christus betend. Im Hintergrunde die

Gartenthür mit dem Verräther und dessen Schaar. Vergl. Dürer. B. II. 6.

74. Der Hohepriester zerreisst seine Kleider.

L. auf einem Throne unter einem Thronhimmel der Hohepriester, r. zwischen zwei Kriegsknechten Christus und dahinter noch mehrere Schergen. Vergl. Dürer. B. II. 29.

75. Christus wird zu Herodes geschleppt.

L. Christus, ganz gekrümmt, wird von drei Kriegsknechten — einer l., einer r. von ihm und einer hinter ihm mit einer Keule — die Stufen herauf gezogen. R. im Hintergrunde Herodes thronend, r. neben demselben ein Priester. Vergl. Dürer. B. II. 32.

76. Die Geisselung.

Christus ist, in der Mitte der Darstellung, an eine Säule gebunden: r. und l. von ihm je ein Mann mit einer Ruthe. Vergl. Dürer. B. Kupf. 8.

77. Die Verspottung.

R. Christus sitzend mit Stab und Dornenkrone, welche letztere ein Scherge mit einer Gabel (deren Stiel hier leider abgebrochen ist) fester drückt; vor ihm knieend ein Spötter, hinter diesem ein anderer Scherge, der ihn schlägt; weiter l. zwei Männer. Im Hintergrunde zwei Säulen mit drei Bögen. Vergl. Dürer. B. II. 31.

78. Pilatus wäscht sich die Hände.

L. auf einem Throne Pilatus; ein Mann zu seiner Rechten hält das Becken, ein Jüngling zu seiner Linken die Kanne. R. wird Christus von Kriegsknechten abgeführt. Vergl. Dürer. B. H. 36.

79. Die Kreuztragung.

Christus, auf die Knice zusammengesunken, stützt sich mit dem l. Arm und hält mit dem r. das Kreuz auf seiner Schulter. R. von ihm und hinter ihm je ein Kriegsknecht, ihn ziehend und schlagend. L. vorn Veronica und hinter derselben Simon von Kyrene. Im Hintergrunde andere Figuren, eine Mauer und ein Stück von Jerusalem. Vergl. Dürer. B. H. 10.

80. Die Kreuzigung.

Christus am Kreuze ganz von vorn gesehen, das Haupt etwas auf die r. Schulter geneigt. R. Johannes, l. Maria. Im Hintergrunde Jerusalem, mit einem muhamedanischen Minaret (!).

81. Die Auferstehung.

Christus in Wolken über dem Grabe. Die Kriegsknechte sind vor Schreck aufgefahren; r. und l. wendet sich je einer mit dem Schilde gegen die Wolken; ein anderer vorn l. will sich eben erheben.

0,25m h. — 0,21m br. — Breite der Rahmen 0,05m.

Deutsche Arbeit vom Ende des 16. oder vom Anfange des 17. Jahrhunderts.

Stücke dieser Art finden sich in deutschen Sammlungen nicht selten, wenn auch gerade nicht in so zahlreichen Folgen, wie hier, und sie sind selbst im Auslande anzutreffen. (Musée de Cluny zu Paris, Musée hist. zu Orléans etc.)

82. Diptychon aus Elfenbein, mit Darstellungen aus dem Leben Jesu u. s. w.

Das Diptychon besteht aus zwei Elfenbeinplatten, die sich in einer eisernen Fassung mit Rückengelenk befinden, so dass sie sich wie die Deckel eines Buches zusammenklappen lassen; oben ist ein Tragkettchen angebracht. Jede Platte ist durch einen Querstab in der Mitte in eine obere und untere Hälfte getheilt, deren jede oben von einem Bande gothischer Bögen abgeschlossen wird. Jede untere Hälfte ist durch eine Säule wieder zweifach getheilt. In den oberen Abtheilungen ist in Relief l. die Anbetung der Könige, r. die Kreuzigung dargestellt. In jeder Abtheilung der unteren Hälften sind je zwei stehende Figuren angebracht, und zwar von l. nach r.: Der verkündende Engel und Maria, Elisabeth und Maria (Heimsuchung), Johannes der Täufer und Catharina, Paulus und Petrus.

0,123^m h. — Breite einer jeden Platte 0,078^m.

Rohe Arbeit aus der Zeit um das Jahr 1400.

83. Die Verspottung Christi, stark erhobene Arbeit in Elfenbein.

Aus der kleinen Elfenbeinplatte, von welcher unten l. und r. noch ein hoher Rand stehen geblieben ist, sind sechs ganze, stehende Figuren geschnitzt: in der Mitte Christus mit beiden Händen das Rohr haltend; zwei Männer zu seinen Seiten zerren ihn an den Haaren und drei andere im Hintergrunde verspotten ihn. Die Haare zeigen Reste brauner und die Lippen Reste rother Bemalung. Der obere Theil des Rohres ist abgebrochen. Die hellen Randleistchen oben und unten sind später hinzugefügt.

0,058m h. — 0,058m br.

Deutsche Arbeit aus dem 11. (?) Jahrhundert.

84. Maria mit dem Kinde, Gruppe in Elfenbein.

Auf einer kleinen Bank, welche in der Voransicht durch die Gewandung fast ganz verdeckt ist, sitzt Maria etwas schräg nach ihrer r. Seite hin gewendet; auf ihrem r. Knie hält sie den aufrecht stehenden Jesusknaben, welcher mit seiner l. Hand eine Taube (?) berührt, die Maria auf ihrer l. Hand hält.

0,055m h.

Deutsche Arbeit des 11. (?) Jahrhunderts.

85. Die Steinigung des h. Stephanus, flach erhobene Arbeit in Elfenbein.

Die ganze Darstellung ist vertieft in die Elfenbeinplatte geschnitten, deren ursprüngliche Oberfläche als Rand ringsum stehen geblieben ist. Das obere Drittheil ist durch Spitzbögen mit Wimbergen, die roth und grün gehöht sind, gefüllt; in den unteren zwei Drittheilen befindet sich die Steinigung des Stephanus. R. kniet mit ausgebreiteten Händen der erste christliche Märtyrer und wendet den Kopf nach den drei Männern, von denen zwei Steine auf ihn zu werfen im Begriffe stehen, während der dritte neue Steine bereit hält. L. vorn sitzt Saulus und zeigt mit der r. Hand auf Stephanus, um die Schergen zu ermuthigen.

0,075m h. — 0,045m br.

Deutsche Arbeit des 14. Jahrhunderts.

86. Ein Heiliger, stehend in ganzer Figur, flach erhobene Arbeit in Elfenbein.

Die viereckige, etwa 4^{mm} starke Platte ist ringsum zu einem Rahmen ausgebildet, der nach Innen etwas schräg liegt und mit einem Rankenornament verziert ist; das Letztere nimmt seinen Ursprung in der rechten unteren Ecke, läuft ringsum und kehrt wieder dahin zurück, wo es in einer Weintraube endet. Der Heilige steht auf einem besonderen Sockel aufrecht; er ist mit Untergewand und Mantel bekleidet, hält im l. Arm ein Buch und erhebt die Rechte segnend; das Gesicht umgiebt ein Bart, die Haare sind stark gehalten, der Heiligenschein ist ziemlich breit. Die ganze Tafel ist von einer einfachen silbernen Einfassung umgeben, die oben mit einem Ring zum Aufhängen versehen ist. — Die Platte hat zwei starke Längsrisse und oben zwei kreisrunde Löcher.

0,185m h. — 0,116m br.

Deutsche Arbeit aus dem 8. (?) Jahrhundert.

Ob die Bestimmung, dass die Tafel dem 8. Jahrhundert angehört, richtig ist, muss dahin gestellt bleiben; sie gründet sich vorzugsweise darauf, dass

Herr Senator Culemann in Hannover eine ganz ähnliche Tafel, wo der Heilige inschriftlich S. Nazarius genannt wird, besitzt, die er in das 8. Jahrhundert setzt. Ohne Zweifel liegt hier ein Werk karolingischen oder frühromanischen Styles von vorzüglicher Arbeit vor, doch könnte dasselbe vielleicht mit grösserem Rechte dem 9. oder 10. Jahrhundert zugeschrieben werden.

87. Ein kriegerischer Heiliger, flach erhobene Arbeit in grünem Speckstein.

Der Heilige steht aufrecht, in ganzer Figur und von vorn gesehen, in regelmässiger Haltung da; er ist mit einem bis über die Kniee reichenden Untergewande, einem Schuppenpanzer und einem unterm Halse zugeknoteten Mantel bekleidet. Das Gesicht ist bartlos, die Haare fallen r. und l. in der Form eines Blätterkranzes bis zum Halse herab, der ziemlich breite Heiligenschein war mit goldenen Verzierungen versehen. Hinter seiner l. Hüfte ist der obere Theil des Schwertes sichtbar; mit der l. Hand hält er den neben ihm aufrecht stehenden Schild und mit der r. eine Lanze oder Fahne. — Der l. Fuss und der grösste Theil der Lanze fehlen; und ringsum ist der ganze Rand der Tafel abgebrochen. Die Ergänzung ist in Gyps hergestellt.

0,123m h.

Byzantinische Arbeit.

Eine bestimmte Benennung des Heiligen muss dahin gestellt bleiben, namentlich da sich nicht feststellen lässt, ob er eine Lanze oder eine Fahne hielt; doch darf an den h. Mauritius oder den h. Quirinus erinnert werden.

88. Vortragekreuz zum Gebrauche bei Prozessionen.

Das Kreuz ist aus Kupfer gearbeitet und vergoldet; die vier Enden der Balken springen über die Breite der letzteren heraus und bilden quadratische Flächen; diesen entsprechend ist auch die Mitte des Kreuzes zu einem grösseren Quadrate erweitert. Jede dieser fünf quadratischen Flächen ist durch fünf, einen grösseren und vier kleinere, Bergkrystalle verziert, welche ohne Boden (à jour) gefasst sind. Die schmaleren Theile der Balken enthalten in dem unteren längeren Stück zwei, in den übrigen drei Stücken je einen grösseren Krystall; sämmtliche Steine sind durch filigranartigen Perldraht eingefasst und die Flächen zwischen denselben sind mit Verzierungen in Perldraht belebt; der Rand ist ringsum durch einen starken Perlstab eingefasst.

0,508m h. — 0,386m br.

Entstehungszeit unbestimmt.

Der grössere Theil der Steine scheint nicht mehr in der ursprünglichen Gestalt vorzuliegen; gleichzeitig mit dem Kreuz selbst dürften nur die rundgeschliffenen Krystalle (ohne Facetten) sein, deren sorgfältige Fassung noch die ursprüngliche ist, während die Fassung der übrigen Steine fast ausnahmelos durch Aufbiegen und Zuhämmern gelitten hat. Uebrigens ist die ganze Arbeit eine handwerksmässige und entbehrt des klaren stylistischen Charakters, auf Grund dessen sich die Entstehungszeit des Kreuzes mit Sicherheit bestimmen liesse. Ein Kreuz von derselben Form ist bei Becker und von Hefner, Kunstwerke und Geräthschaften u. s. w. 1, Taf. 50 abgebildet; es wird daselbst ins 11. Jahrhundert gesetzt. Ob die Form des Kreuzes eine symbolische

Bedeutung im Sinne einer Abwehr teuflischer Geister hat, muss dahin gestellt bleiben. (Vergl. Otte, Kunstarchäologie etc. 4. Aufl., S. 867.) — Kreuze dieser Art (cruces processionales) wurden auf eine lange Stange (hasta), welche oben in einen grossen Knauf (nodus) endigte, gesteckt und bei Processionen voran getragen.

89. Krummstab mit der Verkündigung Mariae.

Das vorliegende Stück ist nur der obere Theil der Krümmung (curvatura) eines Bischofsstabes (pedum), während der untere Theil und der zwischen beiden liegende Knopf (nodus) fehlen. Es ist aus Kupfer gefertigt, von ovalem Durchschnitt, ahmt die Form einer Ranke nach und verjüngt sich nach oben und dem Innern der Krümmung beträchtlich. An der äusseren Kante ist die Krümmung mit kleinen Krappen besetzt; die Spitze läuft in eine Blume aus und eine andere Blume verbindet den oberen Theil der Krümmung mit dem Anfang des Schaftes. Die Seitenflächen sind durch ein Rautenmuster verziert, dessen Flächen ausgehoben und mit hellblauer Smalte gefüllt sind (Grubenschmelz, émail champlevé). Alle übrigen nicht von der Smalte eingenommenen Stellen des Stückes sind vergoldet gewesen, doch hat sich das Gold nicht mehr überall erhalten. Der Raum im Innern der beinahe kreisförmigen Krümmung ist durch die Darstellung der Verkündigung Mariae gefüllt. Maria aufrecht stehend, mit Gewand, Ueberkleid und Kopftuch bekleidet, hält in ihrer Linken ein Buch, die Rechte aber hält sie geöffnet dem Engel entgegen. Dieser trägt in der Linken den Stab mit der Lilie und erhebt segnend die Rechte; seine Flügel stützen sich gegen die vorerwähnte Blume, in welche die Krümmung ausläuft, während Maria von rückwärts durch eine andere Blume gestützt wird. — An mehreren Stellen beschädigt.

0,17m h. — 0,13m br.

Angefertigt zu Limoges in Frankreich im 13. Jahrhundert.

Krummstäbe dieser Arbeit kommen öfters vor und darunter auch solche, welche dieselbe Darstellung zeigen. Insbesondere ist in dieser Beziehung derjenige der ehemaligen Sammlung Révoil, jetzt im Louvre zu Paris, Gallérie d'Apollon (Nr. 717), der unmittelbar in der Nähe von Limoges selbst gefunden ist, und ferner derjenige zu nennen, der be Becker und v. Hefner, Kunstwerke etc. (III, 29) abgebildet ist. Hinsichtlich der Smaltearbeit des vorliegenden Stückes kann auf den Krummstab Nr. 123 der Gallérie d'Apollon hingewiesen werden, welcher genau dieselbe Technik zeigt; ebenso darf an den im Dom zu Brügge (Becker und v. Hefner, Kunstwerke etc. III, 1), den im Dom zu Trier (E. ausm Werth, Denkm. des christl. Mittelalters, Taf. 56), den im Besitze des Herrn Gontard zu Frankfurt (Photogr. Nachbild. aus d. hist. Ausstellung kunstgewerbl. Erzeugnisse zu Frankfurt a. M. 1875, Bl. 14), den im Musée de Cluny (Nr. 945) zu Paris (Art pour tous, 1875, 3085) und den im deutschen Gewerbemuseum zu Berlin erinnert werden. Alle diese Werke, dienen noch andere hinzugefügt werden könnten, stimmen auch stylistisch mit dem vorliegenden Stücke überein und gehören dem 13. Jahrhundert sowie den Werkstätten von Limoges an. Uebrigens würde man auch ohnehin durch die ziemlich rohe Arbeit, den stark byzantisirenden Styl und den unbeholfenen Ausdruck der Figuren, wie den gothischen Charakter der Krappen und Blumen auf diesen Ort und die genannte Zeit verwiesen werden.

90. Waschbecken zum Gebrauche beim Messopfer. (Vasa aquamanilia.)

Das Waschbecken ist eine runde und flache kupferne Schaale mit geradem Rande. Im Innern sind Verzierungen angebracht, die theils in Grubenschmelz (Émail champlevé), theils in Umrissstich gehalten sind; in dem kreisrunden Mittelfelde erkennt man einen Reiter, in dem breiten Ringe verschiedene Thiergestalten. Unter dem Rande befindet sich ein Sieb mit einem Ausguss in Form eines Thierkopfes, auf der Rückseite eine einfache, gestochene Flächenverzierung. — Die Verzierungen im Innern sind nicht unerheblich beschädigt.

0,222m D. — 0,038m h.

Rheinische Arbeit aus dem 12. oder dem Anfange des 13. Jahrhunderts.

Für die Bestimmung von Ort und Zeit der Herstellung dieses Beckens gewährt zwar der stylistische Charakter der Verzierungen einigen Anhalt, doch ist derselbe an und für sich nicht ausreichend, und man ist genöthigt, andere ähnliche Stücke, die allerdings ziemlich selten sind, zum Vergleich heranzuziehen. Zunächst wird durch die in der Gallérie d'Apollon im Louvre zu Paris befindlichen fünf Becken dieser Art (Nr. 134 u. ff.) festgestellt, dass zwar im Allgemeinen eine Aehnlichkeit, aber doch auch im Besonderen eine bestimmte stylistische Unterscheidung vorliegt, welche die Annahme, dass das hiesige Becken, ebenso wie die Pariser Stücke, in Limoges gefertigt sei, ausschliessen. Zwei derartige Limoger Schaalen besitzt auch das Gewerbemuseum zu Berlin. Aehnliche Becken nun wie das hiesige, jedoch besser erhalten und zum Theil auch in der Darstellung lebendiger ausgeführt, befinden sich im Welfenmuseum zu Hannover (2 Stück) und im Besitze des Herrn Karl Disch zu Köln (Köln. Ausstellung

v. 1876, Nr. 507); sie werden sämmtlich in das 12. und den Anfang des 13. Jahrhunderts gesetzt, und haben, neben der technischen Uebereinstimmung, einerseits mit dem hiesigen Stücke, obwohl dieses etwas alterthümlicher erscheint, eine völlige stylistische Verwandtschaft, andererseits tragen sie deutlich den Charakter der rheinischen Smaltearbeiten romanischen Styls. Danach konnte die Bestimmung des hiesigen Stückes, wie oben angegeben, geschehen. Vergl. auch Becker und v. Hefner, Kunstwerke etc. I, S. 28 u. Taf. 20. — Phot. Nachbild. d. hist. Ausstell. kunstgew. Erzeugnisse in Frankfurt 1876, Taf. 38 u. s. w. — Diese Becken wurden meist paarweise gebraucht, weshalb sie auch „gemelliones" (französ. gémellion) hiessen; das eine vertrat dann die Stelle des Giessgefässes, aus welchem das Wasser über die Hände des Messe lesenden Priesters gegossen wurde; das andere, über welcher der Priester die Hände hielt, fing dann das Wasser auf. Deshalb kommen auch diese Schaalen mit und ohne Ausguss vor. (Vergl. Otte, Kunstarchäologie u. s. w. 4. Aufl. Leipzig 1868, S. 191. Darcel, Notice des émaux etc. Paris 1867, S. 52. Anmerkung.)

91 und **92. Zwei als Paar zusammengehörige Altarleuchter, in Erzguss.**

Die drei Füsse sind aus phantastischen Ungeheuern gebildet, welche mit dem Kopfe auf dem Boden aufstehen und ihre lang gestreckten schmalen Leiber nach dem Stamm des Leuchters emporhalten; in der Mitte auf diesen Leibern sitzen kleine Engelsgestalten. Die Räume an den Seiten zwischen diesen Standfüssen sind mit durchbrochenen Verzierungen gefüllt, auf deren oberer Blume ein zweifüssiger, halb vogel-, halb eidechsenartig gestalteter Drache angebracht ist. Der Stamm des Leuchters wird durch einen unteren grösseren und einen oberen kleineren Knoten gebildet, zwischen denen ein gerades, mit drei frei hervortretenden und nach unten gebogenen Blättern verziertes Stück sich befindet; alle diese Stücke sind hohl und die Wandungen sind als durchbrochene Verzierungen gearbeitet. Ueber dem oberen Knoten erhebt sich tellerartig weit ausladend die Tille, welche von drei schräg hockenden Engeln gestützt wird und deren Rand mit einem einfachen, eingegrabenen Ornament verziert ist. Aus der Tille steigt als Fortsetzung des Stammes der starke Dorn empor, welcher bei dem einen Leuchter (Nr. 91) aus Erz, bei dem anderen (Nr. 92) aus Eisen besteht. — Der Guss ist in drei Stücken gemacht, deren Fugen unterhalb der beiden Knoten sich befinden.

Höhe bis zur Spitze des Dornes 0,38m, bis zum Rand der Tille 0,293m, äussere Breite von Fuss zu Fuss 0,215m.

Siehe die weiteren Nachrichten bei Nr. 96.

93. Altarleuchter in Erzguss.

Ueber den drei flachen und weit ausladenden Standfüssen sitzen zweifüssige Drachen, die mit dem Kopf nach unten, mit dem Schwanz nach oben gerichtet sind; die Füllungen zwischen denselben sind aus durchbrochenen Verzierungen hergestellt. Ueber diesem Fusstheil sitzt der Knoten, aus welchem die tellerartige Tille, weit ausladend, sich erhebt; die Tille ist durch drei mit den Köpfen nach aussen hervortretende Adler, und am Rande mit einem einfachen, eingegrabenen Ornamente verziert. Aus der Mitte derselben steigt der eiserne Dorn empor. — Der Guss ist in zwei Stücken, deren Fuge unterhalb des Knotens sichtbar ist, gemacht.

Höhe bis zur Spitze des Dornes 0,255m, bis zum Rand der Tille 0,175m, äussere Breite von Fuss zu Fuss 0,175m.

Siehe die weiteren Nachrichten bei Nr. 96.

94. Altarleuchter in Messing gegossen.

Die drei Füsse sind auf phantastische Weise durch je drei zweibeinige Drachen gebildet, die einer über dem anderen mit den Köpfen nach unten hocken. Die seitlichen Füllungen sind aus durchbrochenem Ornament, zu dessen Hauptmotiv ebenfalls der Drache verwendet wurde, hergestellt. Auf diesem Fusstheile ruht der ziemlich niedrige Knoten, über dem wiederum die tellerartige, weit ausladende Tille sich erhebt; am Rande der letzteren nagen drei von unten sich gegen dieselbe stemmende Drachen. In der Mitte der Tille sitzt der mässig hohe, messingene Dorn. — Der Leuchter ist in zwei Stücken gegossen, deren Fuge unterhalb des Knotens liegt.

Höhe bis zur Spitze des Dornes 0,19m, bis zum Rand der Tille 0,145m, äussere Breite von Fuss zu Fuss 0,18m.

Siehe die weiteren Nachrichten bei Nr. 96.

95. Altarleuchter in Erzguss.

Die drei Standfüsse sind als Klauen gestaltet, von denen die Eckrippen, wie auch die Hauptranken der die Seitenflächen füllenden, durchbrochenen Verzierungen aufsteigen. Auf der Mitte der Eckrippen sitzen ösenartig gekrümmte Blattverzierungen. Ueber diesem Fusstheile liegt der niedrige, scheibenartig gestaltete Knoten, aus welchem die tellerartige, weit ausladende Tille sich erhebt; Knoten und Tille sind glatt gehalten. In der Mitte der Tille erhebt sich der hohe eiserne Dorn. — Der Leuchter ist in zwei Stücken gegossen, deren Fuge unterhalb des Knotens sichtbar ist.

<small>Höhe bis zur Spitze des Dornes 0,275m, bis zum Rand der Tille 0.186m, äussere Breite von Fuss zu Fuss 0,215m.</small>

Siehe die weiteren Nachrichten bei Nr. 96.

96. Altarleuchter in Erzguss.

Die drei Füsse sind aus steil stehenden Drachen gebildet, die mit Kopf und Beinen nach unten gerichtet sind. Von den Schwanzenden derselben gehen nach r. und l. bogenförmig ansteigende Ranken aus, welche ein grosses, glatt gehaltenes Eckblatt einschliessen, dessen Rippe der Stützlinie des Drachens entspricht; an ihrem Ausgangspunkt bilden die Ranken ein ösenartig gekrümmtes Blätterornament, welches auf der Rippe liegt und gegen welches das Schwanzende des Drachens stösst. An den Seitenflächen in den Zwickeln zwischen je zwei gegenüberstehenden Ranken sind durchbrochene Verzierungen angebracht, auf deren mittlerer Blume jedesmal ein Kreuz liegt. Ueber diesem Fussgestell sitzt der Knoten sammt der tellerartigen Tille, beide ganz glatt gehalten; in letzterer steht der hohe eiserne Dorn. — Der Leuchter ist in zwei Stücken gegossen, deren Fuge unterhalb des Knotens sichtbar ist.

<small>Höhe bis zur Spitze des Dornes 0,273m, bis zum Rand der Tille 0,19m, äussere Breite von Fuss zu Fuss 0,18m.</small>

Die vorstehend unter den Nummern 91 bis 96 aufgeführten sechs Altarleuchter dürften Arbeiten des 11., zum Theil vielleicht sogar des 10. Jahrhunderts sein. Sie stammen aus der Kirche des im 9. Jahrhundert gegründeten Stiftes Gandersheim, von wo sie im Jahre 1825 in das Museum versetzt wurden.

Romanische Altarleuchter, den hier vorhandenen ähnlich oder verwandt, sind nicht selten; sie sind durchgehends deutschen Ursprungs und unterscheiden sich von den ausländischen, besonders den französischen, in ganz bestimmter Weise. (Vergl. z. B. Becker u. v. Hefner, Kunstw. u. Geräthsch. etc. I, Taf. 12. II, Taf. 31, 49 u. 66. — Phot. Nachbild. d. hist. Ausst. kunstgew. Erzeugnisse in Frankfurt. 1876, Taf. 38. — Bucher u. Gnauth, Kunsthandwerk. II, Taf. 44. — L'art pour tous. IX, Taf. 996. XI, Taf. 1135 u. 1138. — E. aus'm Werth. Kunstdkmlr. d. christl. Mittelalters, Taf. 10, 51 u. 58. — von Hefner-Alteneck, Kunstschätze a. d. bayer. Nat.-Mus., Taf. 101 u. 111. — Essenwein, Kunst- u. kulturgesch. Denkmlr. d. germ. Mus. in Nürnberg, Taf. 11. — Besonders Cahiers, Nouv. mélanges d'archéologie; Décor. d'églises, S. 196 u. ff., wo 28 derartige Leuchter deutscher und französischer Arbeit abgebildet sind. — Bei mehreren der hier vorliegenden Leuchter (Nr. 91 bis 94) ist der Verzierung ein symbolischer Sinn untergelegt, indem die an denselben angebrachten Drachen auf die Hölle anspielen, welche Christus überwunden und gezwungen hat, dem Lichte unterthan zu sein. Daneben macht der alte Widersacher immer noch seine Versuche, und so sieht man bei Nr. 91 u. 92 kleine Drachen am Fusse des Leuchters nagen und nach oben streben, bei Nr. 94 aber sogar Drachen an den Rand der Tille selbst sich klammern. Bei Nr. 93 werden die an der Tille angebrachten Adler als schützende Symbole oder im Gegensatz gegen die unten befindlichen Drachen, also als Vertreter jenes Sieges des Lichtes über die Finsterniss aufzufassen sein, ebenso die Engel auf Nr. 91 u. 92.

97. Hostienbüchse aus Elfenbein und Silber.

Die Büchse hat eine runde Schachtelform im Durchmesser einer Messhostie. Boden, Wandung und Deckstück bestehen aus Elfenbein, die Beschläge und der Einsatz aus Silber. In der Mitte des Deckels ist ein kleiner silberner Ring angebracht.

0,044m h. — 0,075m Durchmesser.

15. oder Anfang des 16. Jahrhunderts.

Aus dem Kreuzkloster zu Braunschweig im Jahre 1876 in das Museum gelangt, unter Vorbehalt des Eigenthums dieses Stiftes.

---

98. Figur eines Bischofs, aus Holz geschnitzt und farbig bemalt.

Die Figur ist aus der Hälfte eines Lindenstammes von entsprechender Grösse gearbeitet: die Hinterseite ist roh gelassen und der Mitte entlang ausgehöhlt. Der Bischof, in voller kirchlicher Tracht, steht auf einem kleinen Sockel und hält das l. Knie etwas vorgeschoben. Auf der r. Hand trägt er ein Buch, in der l. den Hirtenstab, welcher letztere ergänzt ist.

1,09m h.

Deutsche Arbeit vom Ende des 15. oder Anfang des 16. Jahrhunderts.

Einzelne Erwerbung vom Jahre 1875.

99. Crucifix aus Holz, farbig bemalt.

Das aus Eichenholz gearbeitete Kreuz ist in der Mitte wie an den Balkenenden zu quadratischen Flächen erweitert (vergl. Nr. 88), von denen die letzteren mit einem Vierpass verziert sind; an den Seiten der Balken sind Krappen angebracht. Der Gekreuzigte selbst hat das mit der Dornenkrone umwundene Haupt etwas schräg nach seiner r. Schulter geneigt; der Leib ist vorgestreckt und von den Hüften an mit einem bis beinahe auf die Knie reichenden Schurz bekleidet. Die Füsse sind übereinander gelegt, die Arme fast gerade ausgestreckt. — An mehreren Stellen beschädigt; die Bemalung mehrfach erneuert.

0,855m h. — 0,715m br. — Höhe des Körpers 0,51m.

Deutsche Arbeit aus dem 14. (?) Jahrhundert.

Im Jahre 1877 in das Museum gelangt aus dem Kreuzkloster zu Braunschweig; Eigenthum des letzteren.

100. Altarvorsatz, in Leimfarben gemalt.

Das rechtwinklige Leinentuch enthält, in Leimfarben gemalt, folgende Darstellungen: In der Mitte auf kreisrundem weissen Schilde, welches durch einen rothen Rand eingefasst ist, das Lamm mit der Siegesfahne, in den Ecken auf gleichen Schildern die vier evangelischen Symbole mit den Inschriften der Namen der Evangelisten: r. oben der Engel des Matthäus, l. oben fälschlich der Ochs mit der Inschrift S. Marcus, l. unten fälschlich der Löwe mit der Inschrift S. Lucas, und r. unten der Adler des Johannes. Der Grund des Ganzen ist braun gehalten und mit roth- und grünem Rankenwerk überzogen, zwischen welchem l. vom Lamm die Maria, r. der h. Georg in ganzen Figuren angebracht sind. — Der mittlere Theil unten ist ergänzt. Das ganze Leinentuch ist 1878 mit neuer Leinwand unterlegt und auf einen Blendrahmen gespannt worden.

1,26m h. — 2,20m br.

14. Jahrhundert.

Die Arbeit ist offenbar eine handwerksmässige; sie rührt zudem von einem Manne her, der nicht einmal eine richtige Kenntniss der evangelischen Symbole besass, indem er Marcus und Lucas verwechselte. Derartige Werke lassen sich natürlich nur mit minderer Sicherheit bestimmen, als die künstlerisch entwickelteren, und es muss deshalb dahin gestellt bleiben, ob dies Stück nicht vielleicht gar dem 15. Jahrhundert angehört. Ebenso muss es unentschieden bleiben, ob das bemalte Leinentuch einfach als Vorhang (Antipendium) oder auf einen Rahmen gespannt (wie jetzt) als Vorsatz des Altares (Frontale) verwendet worden ist.

101. Hölzerner Heiligenschrein, mit Malereien geschmückt.

Der aus Eichenholz gearbeitete Schrein hat folgende Gestalt: Von der Hinterwand gehen r. und l. im stumpfen Winkel die Seitentheile aus, die mit jener, dem Boden und dem Kopfstück den festen Theil des Schrankes bilden; die Flügelthüren stehen rechtwinklig gegen jene Seitentheile und stossen also vorn im stumpfen Winkel zusammen; sie sind mittelst einer eisernen Krampe verschliessbar. An den inneren Flächen der Seitentheile, zunächst den Thüren, steigen gewundene Stengelsäulchen auf, von deren Knauf eine durchbrochene Blätterverzierung, der oberen Thürzarge folgend und nach der Mitte des Schreines spitz zulaufend, sich hinzieht. Diese Theile sind überwiegend vergoldet. Die innere Fläche des Schreines ist hellblau gehalten und mit Sternen besetzt; in entsprechender Höhe befindet sich ein Heiligenschein, roth mit breitem Goldrand. Das Kopfstück zeigt auf rothem Grunde ein schwarzes, weiss gehöhtes Ornament; es ist durch roth und blau bemalte Zinnen abgeschlossen. Die beiden Thürflügel enthalten an der äusseren wie inneren Seite, innerhalb gemalter Umrahmungen, folgende Darstellungen in ganzen Figuren.

R. Aussenseite: Der Engel Gabriel im gelben Gewande; über demselben ein Spruchband mit dem englischen Grusse: „Ave gratia plena Dominus tecum."

L. Aussenseite: Maria im grünen Kleide mit weissem Mantel; über ihr ein Spruchband mit den Worten: „Ecce ancilla dñi fiat michi secudū uerbum tuum."

R. Innenseite: Maria Salome im grünen Kleide und weissen Mantel, ihre Kinder Jacobus den ält. und Johannes den Evang. auf den Armen haltend; über Jedem die Namensinschrift.

L. Innenseite: Maria Cleophae im rothen Kleide und grünen Mantel mit ihren vier Kindern, von denen sie Joseph Justus und Jacobus den jüng. auf den Armen hält, während Thaddäus und Simon neben ihr stehen; über Jedem die Namensinschrift.

Sämmtliche Inschriften sind in gothischer Minuskel gehalten. — Der Schrein wurde im Frühjahre 1878 gereinigt und an einigen Stellen ausgebessert.

1,27m h. — Breite der Rückwand 0,45m. — Grösste Breite 0,72m. — Grösste Tiefe 0,38m.

Deutsche Arbeit vom Ende des 14. oder Anfang des 15. Jahrhunderts.

Im Jahre 1877 in das Museum gelangt aus dem Kreuzkloster zu Braunschweig; Eigenthum des letzteren.

So lange der Schrein im Kreuzkloster sich befand, stand in demselben ein aus Holz geschnitzter und farbig bemalter Schmerzensmann. Derselbe reicht jedoch bis an die Decke, so dass sein Kopf über den Heiligenschein hinausragt; ausserdem trägt er das Gepräge der späteren Zeit des 16. Jahrhunderts: er kann also in keinem Falle von Ursprung her zu dem Schreine gehört haben und er ist deshalb auch von demselben wieder getrennt worden. Die Malereien zeigen nun die beiden Töchter der h. Anna aus ihren beiden ersten Ehen mit Salome und Cleophas, sammt deren Söhnen; ferner aber die Tochter dritter Ehe mit Joachim, Maria im Augenblicke der Verkündigung. Es ist also mit grosser Wahrscheinlichkeit anzunehmen, dass im Innern des Schreines eine Gruppe der h. Anna mit Maria und dem Jesusknaben ursprünglich sich befunden habe; hierfür sprechen auch die Höhen- und Breitenverhältnisse dieses inneren Raumes. Der Inhalt der Gesammtdarstellung wäre dann die h. Anna mit ihren Töchtern und Enkeln, unter Einfügung der wunderbaren Verkündigung ihrer jüngsten Tochter. Die h. Anna war Patronin der Stadt Braunschweig. Zu vermuthen bleibt, dass in dem Schreine Reliquien aufbewahrt wurden.

102. Geschnitzter Flügelaltar mit der Krönung der Maria.

Der Altar besteht aus einem Mittel- oder Haupttheile und zwei beweglichen Flügeln, deren Breite zusammen der Breite des Mittelstückes entspricht, so dass der Altar, wie ein Schrein durch zwei Flügelthüren, geschlossen werden kann. Alle diese Theile sind ihrer Form nach aufrecht stehende, vorn offene Kästen. Die offenen Flächen sind durch frei stehende Stäbe, welche oben durch gothische Bögen von der Art der flachen Eselsrücken und Maasswerk verbunden sind, ausgesetzt; zwischen und hinter diesem Rahmwerk befinden sich die in den Kästen selbst stehenden, in Holz geschnitzten Figuren. Das ganze Werk ist durchweg farbig bemalt: Das Rahm- und Stabwerk ist in Gold mit Blau und Roth gehalten, der gesammte Hintergrund der Kästen ist vergoldet, die Figuren haben goldene Mäntel und bunte, gemusterte Untergewänder, die nackten Theile sind in den natürlichen Farben angelegt. In dem mittleren Hauptkasten bildet das Stabwerk, welches auf einem mit durchbrochenen Verzierungen gefüllten Sockelstreifen steht, vier Abtheilungen. In den beiden mittleren dieser Abtheilungen sind in sitzenden Figuren, auf gemeinschaftlichem Sockelstück, Maria und Christus, gegen einander gewendet, abgebildet, l. Maria mit der Krone auf dem Haupte, die Hände im Gebete haltend, r. Christus gleichfalls mit der Krone auf dem Haupte, die l. Hand auf der Weltkugel haltend und mit der r. segnend. Auf der Fläche des kleinen Sockelstückes steht in gothischer Minuskel folgende Inschrift:

„Maria mater gcē mtr̄ mie tu nos ab hoste pro⁹ᵉ·"
d. h. „Maria mater gratiae, mater misericordiae, tu nos ab hoste protege", oder zu Deutsch: „Maria Mutter der Gnade, Mutter der Barmherzigkeit, beschütze uns vor dem Feinde." In der Mitte sind von den Worten mtr̄ mie nur der erste Strich des ersten m und die zuletzt stehenden Buchstaben ie echt, während die übrigen, die durch einen an dieser Stelle ehedem gemachten Einschnitt verloren gegangen waren, ergänzt sind. Die Ergänzung musste wegen der geringen Breite des zur Verfügung stehenden Raumes, wie geschehen, bewirkt werden. Denn die gebräuchliche Form

„Maria Mater gratiae
Dulcis Parens clementiae
Tu nos ab hoste protege etc."

wie sie in der zweiten Strophe des mit den Worten „Memento rerum conditor" beginnenden Marianischen Hymnus (Brev. Roman. Pars vernalis. Offic. parv. B. M. V.) vorkommt, liess sich in keinerlei Kürzung in diesen Raum bringen. Es wurde deshalb die abweichende Lesart „Mater misericordiae" gewählt, die auch in Verbindung mit Kunstwerken, z. B. in der Unterschrift der Radirung von Guido Reni, Bartsch 10, vorkommt. — In den beiden anderen Abtheilungen des Mittelstückes steht l. der h. Georg über dem Drachen, dem er den Speer in den Rachen stösst, r. ein heiliger Bischof. — Jeder Flügel enthält in zwei Abtheilungen über einander je drei durch Stäbe gebildete Nischen, im Ganzen also zwölf, welche von den Figuren der Apostel eingenommen werden. Diese sind in folgender Reihe angeordnet: Auf dem l.

Flügel von l. oben nach r. unten, Petrus mit dem Schlüssel, Thomas mit dem Winkelmaass, Matthaeus mit dem Beutel, Bartholomäus mit dem Messer, Paulus mit dem Schwerte, Simon mit der Säge; auf dem r. Flügel ebenso Jacobus d. ält. mit dem Pilgerstab, Philipp mit dem Kreuzstab, Johannes mit dem Kelch, Thaddäus mit der Keule, Andreas mit dem Kreuz und Matthias mit der Lanze.

<small>Höhe 1,14m, Gesammtbreite 2,27m, Breite des Mitteltheiles 1,136m.</small>

Vom Ende des 14. Jahrhunderts.

Aus der Kirche zu Osterlinde, durch Vermittelung des Harzer Alterthumsvereins in Wolfenbüttel, unter Vorbehalt des Eigenthums der genannten Kirche, im April 1877 in das Museum gelangt.

Die Wiederherstellung des stark beschädigten Altares erfolgte, bei unbedingter Schonung alles Erhaltenen, namentlich der auch nur einigermaassen erhaltenen Farben unter Leitung der Museumsdirection durch den Bildhauer Herrn Theodor Fischer in Braunschweig bis zum Frühjahr 1878.

103. Geschnitzter Flügelaltar mit der Kreuzigung Christi.

Grösse und Einrichtung dieses Altares entsprechen dem unter der voraufgehenden Nummer beschriebenen, nur fehlen hier in dem mittleren Kasten die freistehenden Stäbe, so dass die daselbst befindliche Darstellung der Kreuzigung ganz frei liegt; doch ist über derselben in der ganzen Breite des Kastens, zwischen vergoldeten, über Kragsteinchen befestigten Fialen, Maasswerk hingezogen. Dies, sowie das über den Nischen der Flügel befindliche Maasswerk ist hellblau bemalt, während die übrigen Farben im Allgemeinen dem Charakter der Bemalung des anderen Altares nahe stehen, wenn der letztere auch in diesem Betrachte wie gleichfalls in Hinsicht des Rahmwerkes und der Figuren eine höhere künstlerische Stufe einnimmt. — Die Darstellung der Kreuzigung entspricht der herkömmlichen Auffassung: in der Mitte Christus am Kreuze, r. und l. ebenso die beiden Schächer; am Fusse des Kreuzes kniet Magdalena, l. von derselben steht Johannes, die zusammensinkende Maria haltend, weiter noch auf dieser Seite vier andere Figuren. R. Longinus mit der Lanze und weiter noch fünf andere Figuren. — In den Flügeln sind ebenso wie bei dem andern Altare die zwölf Apostel angebracht und zwar in folgender Ordnung: Auf dem l. Flügel, l. oben beginnend: Petrus, Jacobus der ältere, Andreas — Matthäus, Johannes, Paulus; — auf dem r. Flügel, l. oben beginnend: Matthias, Philippus, Bartholomäus — Thaddäus, Thomas, Simon.

Höhe 1,14m, Gesammtbreite 2,28m, Breite des Mitteltheiles 1,14m.

15. Jahrhundert.

Aus der Kirche zu Salder, durch Vermittelung des Harzer Alterthumsvereins in Wolfenbüttel, unter Vorbehalt des Eigenthums der genannten Kirche, im April 1877 in das Museum gelangt.

Die Wiederherstellung des sehr stark beschädigten Altares erfolgte bei unbedingter Schonung alles Erhaltenen, namentlich der auch nur einigermaassen erhaltenen Farben unter Leitung der Museumsdirection durch den Bildhauer Herrn **Fischer** in Braunschweig bis zum Frühjahr 1878.

104. Grosse Kirchenglocke aus Erz.

Die Gestalt der Glocke zeigt eine schön geschwungene Profillinie. Die Krone oder der Helm hat einen starken Mittelbogen, gegen welchen die dreimal zwei, einfach verzierten Oehre laufen. Am Kranze des Schlagringes sind einfache Gliederungen angebracht, ebenso am Halse. Innerhalb der letzteren befindet sich, rings um den Glockenkörper laufend, in schönen romanischen Kapitälbuchstaben (lateinischen Majuskeln) von 30 bis 35^{mm} Höhe folgende Inschrift, deren erster Theil einen Leoninischen Hexameter bildet:

✢ HAC IN CAMPANA SIT LAVS TIBI XPE SONORA ✢ ANNO DNI MCCLXX FACTA EST MAIOR AD LAVDEM DNI NRI JHV XPI. —

Unter dem TIBI befindet sich, bereits auf dem übrigens ganz glatten Mittelfelde stehend, ein grosses Alpha und auf der entgegen gesetzten Seite unter LAVDEM DNI ein Omega, beide Buchstaben durch ein Kreuz gekrönt. Man würde in deutscher Form die Inschrift etwa so wiedergeben können:

† Aus dieser Glocke erschalle Dir, Christe, helltönendes Lob! † Sie ist im Jahre des Herrn 1270 grösser gegossen worden, zum Lobe unsers Herrn Jesu Christi. — A und O. —

<small>Höhe der Glocke vom Rande bis zur Spitze des Helmes senkrecht gemessen 1,54^m; Durchmesser des Kranzes, also der Glockenöffnung 1,143^m; Gewicht 1094 Kilogramm (21 Centner 88 Pfund).</small>

Gegossen im Jahre 1270, vermuthlich zu Hildesheim.

Die Glocke stammt aus der Kirche St. Michael zu Hildesheim, von wo sie während der westphälischen

Zeit im Jahre 1812 in die Kirche zu Burgdorf, im herzogl. braunschweigischen Amte Salder, versetzt wurde. Während des Sturmläutens bei Gelegenheit eines Brandes erhielt die Glocke einen Sprung, so dass auf einen Umguss derselben oder einen anderweitigen Ersatz Bedacht genommen werden musste. Dieser Umstand lenkte die Aufmerksamkeit der zuständigen Behörden auf die Glocke, welche danach von sachverständiger Seite in Augenschein genommen wurde. In Folge eines bezüglichen Gutachtens sah sich das herzogl. Staatsministerium zu dem Entschlusse veranlasst, die Glocke anzukaufen und dem Museum zu überweisen, was im Jahre 1876 geschah. Da dieselbe durch Jahrhunderte-alten Schmutz ausserordentlich entstellt war, so musste sie gereinigt werden, wobei die erhaltenen wenigen Reste alter Patina leider mit verloren gingen; eine neue Oxydirung wurde durch Abreibung mit Säuren eingeleitet. — Eine ganz ähnliche, jedoch etwas kleinere Glocke besass die Kirche zu Lühnde bei Hildesheim. Dieselbe war nach der inschriftlichen Meldung im Jahre 1278 von dem Meister Tiderich gegossen, ist jedoch leider im Jahre 1858, in Folge eines Risses, eingeschmolzen worden. (Abgebildet und beschrieben in „Organ f. christl. Kunst. 1858, S. 64, und bei Mitthof, Kunstdenkm. und Alterthümer im Hannöverschen. Bd. III, Taf. VIII und S. 198). Aeltere datirte Glocken als die hier vorliegende sind selten, und dürfte es in Deutschland deren nur einige wenige geben, nämlich eine von 1234 zu Helfter bei Eisleben, welche für die älteste datirte Glocke in ganz Deutschland gehalten wird, dann die in der Burchardikirche zu Würzburg von 1249, die im Dome zu Minden von 1252, die im Münster zu Freiburg von 1258, die in der Peterskirche zu Aachen von 1261 und endlich die in der Liebfrauenkirche zu Moringen im Hannöverschen von 1263. (Zeitschrift des Harzvereins etc. 1878, S. 40 u. ff.) — In Frankreich ist die älteste unter den wenigen Glocken, welche durch die Stürme der Revolution glücklich sich hindurch gerettet hatten, diejenige, welche in Fontenailles bei Bayeux hing, die umgegossen werden sollte, aber für das Museum zu Bayeux erworben wurde; sie stammt aus dem Jahre 1202 (Caumont, Abécédaire: arch. relig. 5. Aufl. S. 582 u. ff.) und dürfte wohl keine Altersgenossin in Frankreich besitzen. Die nächstälteste Glocke war die der Abteikirche zu Moissac vom Jahre 1273; sie ist jedoch im Jahre 1845 umgegossen worden. (Otte, Glockenkunde, S. 42. — Viollet-le-Duc, Dict. rais. de l'architecture etc. III, 283, der die Glocke von Fontenailles nicht kennt, sagt: „La plus ancienne cloche fondue que nous ayons vue etc., un monument fort rare etc.") — In Italien finden sich allerdings noch einige wenige ältere Glocken, deren älteste diejenige auf dem Thurme des Domes zu Siena von 1148 sein dürfte.

105. Handdruck-Abzug der in Messing gegrabenen Gruftplatte Herzog Heinrich's des Frommen v. Sachsen † 18. August 1541; im Dome zu Freiberg.

2,57m h. — 1,47m br.

106. Desgleichen von der Gruftplatte der Gemahlin Kurfürst Johann Georg's I., Sibylle Elisabeth von Wirtemberg, † 20. Januar 1606; ebendaselbst.

2,60m h. — 1,47m br.

III.

Weltliche Kunstwerke und Geräthe.

107. Hifthorn aus Elfenbein.

Das Horn besteht aus einem ausgehöhlten Elephantenzahn mit Mund- und Schallöffnung. Die ganze äussere Fläche ist durch Schnitzwerk aufs reichste verziert. Zunächst der Mundöffnung, welcher das metallene Mundstück fehlt, ist die Spitze des Hornes glatt. Dann folgt ein Querstreifen mit der Darstellung eines vierfüssigen Thieres und eines Vogels, weiter ein ornamentirter, ein vertiefter glatter und nochmals ein ornamentirter Querstreifen. Der vertiefte glatte Streifen wurde ausgefüllt durch eine Metallschiene, die an der oberen, kürzeren Seite des Hornes mit einem Ring versehen war. Ein zweiter Ring war entsprechend an dem Metallbeschlage der Schallöffnung angebracht; an beiden Ringen wurde die Kette oder der Riemen befestigt, an welchem das Horn über der Schulter

III. Weltliche Kunstwerke und Geräthe.

getragen wurde, wie dies an dem unter der folgenden Nummer beschriebenen Horn, wo diese Theile des Metallbeschlags erhalten sind, zu ersehen ist. Zunächst dem Rande der Schallöffnung, welcher den Metallbeschlag aufzunehmen hatte, läuft ein breiter Streifen quer um das Horn herum mit Darstellungen von fünf vierfüssigen Thieren: zwei Hirschen (?), die, gegen einander gekehrt, aus einem, die obere Seite des Hornes bezeichnenden Eimer trinken; r. davon ein Elephant, l. ein Löwe und zwischen beiden ein Vogel. Es folgt ein schmaler, glatter und vertiefter Streifen und darauf zwei ornamentirte Querstreifen mit einem glatten, vertieften Streifen zwischen sich. Der übrige Haupttheil des Mantels ist in 15 Längsstreifen getheilt, die mit Verzierungen nach einer gewissen symmetrischen Ordnung versehen sind. In dem breiten Streifen an der oberen Seite des Horns sind zwei fünfmal verschlungene Schlangen dargestellt, innerhalb und neben den Verschlingungen Vögel und Ornamente. Es folgt nun auf beiden Seiten je ein Streifen mit Thieren, dann einer mit Ornament, dann wieder einer mit Thieren und nochmals einer mit Ornament; die übrigen sechs Streifen enthalten nur Thierbilder. Die Thiere, theils vierfüssige, theils Vögel, theils Ungeheuer, haben alle eine sehr gestreckte Haltung, um sich dem niedrigen Raume der schmalen Streifen einzufügen. — An mehreren Stellen, namentlich an den glatten Streifen zunächst der Schallöffnung, war das Horn reich in Grün, Roth und Gold bemalt gewesen, wie die erhaltenen Reste erkennen lassen. — An einigen Stellen hat das Horn Längsrisse. Der sämmtliche Metallbeschlag, wie bemerkt, fehlt.

Länge der Sehne an der oberen Seite, über den beiden
Schlangen gemessen 0,53m, Länge zwischen den äussersten
Punkten 0,58m. Durchmesser der Schallöffnung, die nicht
genau kreisförmig ist, 0,12 bezw. 0,13m.

Orientalische Arbeit aus dem 8. oder 9. Jahrhundert.

Hörner wie das vorstehende (bucina, cornu sufflatile — Olifant etc.) oder demselben ähnlich haben sich noch in einer nicht unerheblichen Anzahl erhalten; allein es ist bisher noch nicht gelungen, mit thatsächlichen Gründen das Land und die Zeit ihrer Entstehung genau zu bestimmen. Das Wahrscheinlichste dürfte sein, dass die aus Indien nach Vorderasien eingeführten Elephantenzähne dort durch arabische oder persische Künstler bearbeitet und dann weiter im Wege des Handels nach den westeuropäischen Häfen des Mittelmeeres gebracht worden seien, bis später durch die Kreuzzüge ein Weg erweiterter Einführung eröffnet wurde. Während eines Laufes also von 4 bis 5 Jahrhunderten sind solche orientalische Hörner nach dem Abendlande gekommen, und es ist, bei der Eigenthümlichkeit orientalischer Kunstübung, deshalb schwer und oft unmöglich, im einzelnen Falle die Entstehungszeit bestimmter zu erkennen. Was das vorliegende Horn aber betrifft, so entspricht die Eintheilung der Mantelfläche, wie der Styl der Thierbilder und Ornamente genau dem im Dome zu Aachen befindlichen „Jagdhorn Karl's des Grossen", welches Harun al Raschid, der Ueberlieferung nach, dem Kaiser geschenkt hatte; nur dass die Längsstreifen hier, nicht wie beim Aachener Horn glatt gehalten, sondern reich verziert sind. Das vorliegende Horn wird also mit Recht in die karolingische Zeit gesetzt werden dürfen. — Andere hervorragende Hörner befinden sich im Domschatze zu Prag, in der Ambraser-Sammlung zu Wien, in der mittelalterlichen Abtheilung der k. Museen zu Berlin, im deutschen Gewerbemuseum daselbst, im städtischen Museum zu Angers, sowie auch an andern Orten und mehrfach im Privatbesitze.

Unter der Literatur ist vorzugsweise auf die Abhandlung Fr. Bock's zu verweisen: „Ueber den Gebrauch der Hörner im Alterthum und das Vorkommen geschnitzter Elfenbeinhörner im Mittelalter" in „Heider und von Eitelberger, Mittelalt. Kunstdkmlr. im österr. Kaiserstaate etc." Bd. II, 127 u. ff., Taf. 25. — Ferner auch auf: Fr. Bock, Der Reliquienschatz des Münsters zu Aachen etc. S. 39 u. ff. — E. aus'm Werth, Kunstdenkmäler in den Rheinlanden I, 2. S. 79 u. Taf. 33. — Franz Kugler, Kunstschätze v. Berlin u. Potsdam etc. II, 1. 13. 64. — E. v. Sacken, Kunstw. u. Geräthe in der Ambraser-Sammlung, Taf. 1 u. S. 7. — Cahier, Nouv. mélanges d'archéol. &c. Ivoires &c. S. 35 u. ff. — Waring, Art-treasures of the united Kingdom, &c. Taf. 12 u. S. 15 u. ff.

108. Hifthorn aus Elfenbein.

Dieses Jagdhorn ist dem unter voriger Nummer beschriebenen in der Form ganz ähnlich, doch ist die äussere Fläche glatt gehalten bis auf eine breite Randverzierung zunächst der Schallöffnung. Diese Randverzierung besteht aus fünf ornamentirten Querstreifen, von denen der mittlere etwas breiter gehalten ist; derselbe ist auch zwischen dem Rankenwerk mit zwei Thierbildern versehen. Sämmtliche Verzierungen sind dadurch gebildet, dass der sie umgebende Grund vertieft eingestochen ist. Der Metallbeschlag der Schallöffnung und eine der oberen Schienen mit dem Henkring sind erhalten; eine andere Schiene und das Mundstück fehlen. Das Horn ist an zwei Stellen der Länge nach gerissen.

<small>Länge der Sehne an der oberen Seite 0,50m, zwischen den äussersten Punkten 0,57m. Durchmesser der Schallöffnung, die oval ist, 0,10 bezw. 0,13m.</small>

Orientalische Arbeit. 8. bis 11. Jahrhundert.

Siehe die Bemerkungen bei der vorigen Nummer.

109. Blasehorn von Elfenbein mit seitlich stehendem Mundstück.

Dies schlanke Horn ist aus einem Elephantenzahn, dem bedeutend an Masse genommen wurde, gearbeitet. Die Höhlung reicht nur von der Schallöffnung bis etwa zur Mitte, wo an der Seite der flacheren Krümmung ein von einem starken Buckel umgebenes viereckiges Loch als Mundstück eingestossen ist; von hier bis zur Spitze ist das Horn massiv. Die Spitze ist knopfartig ausgebildet. Am Rande der Schallöffnung, wo leider einige Stücke ausgebrochen sind, ist ein schmales Ornament eingestochen, welches aus zwei einfachen Querlinien und kleinen, schräg gegen dieselben stehenden Strichen zusammengesetzt ist. Auf der Fläche der stärkeren Krümmung ist in flach erhobener Arbeit ein Krokodil dargestellt, mit dem Kopfe gegen die Schallöffnung gerichtet und die Hinterfüsse am Buckel des Mundstückes haltend; der Schwanz ist etwas gekrümmt und der Körper des Thieres mit einem Netze von Rhomben-bildenden Linien, die wohl Schuppen oder dergl. andeuten sollen, überzogen.

<small>Länge der Sehne innerhalb der flacheren Krümmung 0,57^m, Länge zwischen den äussersten Punkten 0,63^m, Länge bis zum Mundstück 0,31^m. Durchmesser der ovalen Schallöffnung 0,05 bezw. 0,07^m. Länge des Krokodils 0,25^m.</small>

Orientalische Arbeit. 9. (?) Jahrhundert.

Das vorliegende Jagdhorn weicht in Form, Einrichtung und Styl von den anderen beiden Hörnern und allen diesen letzteren verwandten wesentlich ab, und scheint danach einem anderen, jedenfalls jedoch auch orientalischen Ursprungslande anzugehören.

Gleiche oder ähnliche Stücke gehören zu den Seltenheiten. Ein im Privatbesitze befindliches derartiges Horn ist in der, bei Nr. 107 erwähnten Abhandlung von Bock besprochen und abgebildet; dasselbe trägt auf dem Kopfe des Krokodils die von abendländischer Hand hinzugefügte Jahreszahl: „AṼ DCCCXII." Ein anderes solches Horn besitzt Prinz Karl von Preussen (G. Hiltl, Waffensammlung u. s. w.: Beschreib. Verzeichniss der mittelalterl. Gegenst. Nr. 911; — Lichtdruckwerk. Taf. 41); dasselbe wird jedoch als eine Arbeit vom Anfang des 15. Jahrhunderts bezeichnet.

110. Trinkhorn aus gewundenem grüngelblichem Rinderhorn.

Die äussere Fläche des Hornes ist mit flach erhobenen Verzierungen und Inschriften reich versehen, die als sechs ringförmige Querstreifen geordnet sind, welchen zwischen dem vierten und fünften Streifen Riefelungen und zwei Längsstreifen eingeschoben sind. Der erste Streifen zunächst der Oeffnung enthält in Majuskeln gothischen Charakters die erste Zeile der weiter unten zu gebenden Schrift. Dann folgt zwischen zwei Ornamentstreifen die zweite Zeile in grösseren Buchstaben; weiter als breitester Streifen ein vielfach verschlungenes Rankenornament, das aus dem Rachen eines geflügelten Drachen hervorgeht; über dem Kopfe des letzteren liegt ein reissendes Thier, einem Wolf ähnlich, das mit seinen Zähnen in einen Zweig des Ornaments sich verbissen hat. Darauf folgt, wieder zwischen zwei Ornamentstreifen, die dritte Schriftzeile, dann das geriefelte Zwischenstück und darauf die vierte Schriftzeile, welche den fünften Querstreifen füllt.

Zwischen den Riefeln des Zwischenstückes sind zwei kurze Längsstreifen angebracht, deren einer drei Buchstaben, deren anderer etwas längerer aber das Hüftbild eines bärtigen Mannes, im Profil nach l. gewendet, enthält. In dem sechsten Querstreifen befindet sich eine Reihe von fünf in einander geschlungenen Ringen, innerhalb deren Menschenköpfe und fabelhafte Thiere dargestellt sind. Die Spitze ist wieder geriefelt und durch einen scheibenartigen Knopf geschlossen. Die Inschriften, deren Sinn noch aufzuklären bleibt, konnten wie folgt gelesen werden:

ANO MCCCC2 GRA 3D (?) A3 (?) CAR03
ESTAS AVE MARIA
BTO AV FERDRO

~
=
⁓

NS JN HRE3N (?)

0,30m h. — Durchmesser der ovalen Oeffnung 0,07 bezw. 0,08m.

Deutsche Arbeit vom Jahre 1402.

111. Prachtsattel des Herzogs Magnus II. Torquatus von Braunschweig.

Der Sattel hat die Form eines deutschen Turniersattels mit starken Sitzblättern, ziemlich scharfem Grat, hohem Sattelbogen und kurzen Stegen. Er ist aus Holz gearbeitet, an der inneren Seite mit Birkenrinde überzogen, an der äusseren mit geschnitzten Platten von Knochen und mit schwarzem Leder belegt.

Auf den hinteren Seitenblättern ist je eine bis zu den Hüften sichtbare, weibliche Gestalt dargestellt, die ein breites, sie rings umgebendes Spruchband hält, auf welchem je dreimal ein m, das Monogramm des Herzogs Magnus, steht. Auf den Sitzblättern innerhalb einer sonnenartigen Verzierung je ein m und eine u (zwei) kreuzweise verschlungen. Vorn vor dem Sattelbogen je eine stehende weibliche Gestalt, von denen die r. eine Blume, die l. eine u hält; über denselben je ein m und darüber in der Spitze des Sattelbogens je ein Drache. Auf der übrigen Fläche der r. Seite innerhalb von Verzierungen noch siebenmal das Monogramm m. Auf der l. Seite zieht sich vom Sattelbogen über den Steg nach dem Sitzblatte ein Spruchband mit der Inschrift in gothischer Minuskel:

treu ÿst selt'
in der weld.

Am Ende des Steges und neben der weiblichen Gestalt noch je ein m. — Sämmtliche Verzierungen, Figuren und Schriften sind in ganz flach erhobener Arbeit gehalten; sie waren, wie die erhaltenen Reste darthun, durchweg roth, blau und grün bemalt gewesen. — Löcher und Einschnitte zur Anlegung des Sattelzeuges sind an den betreffenden Stellen angebracht.

> Länge 0,555m. — Breite an den hinteren Seitenblättern 0,455m, vorn an den Stegen 0,340m. — Höhe am Sattelbogen 0,330m, an der niedrigsten Stelle bei den Sitzblättern 0,180m.

Oberdeutsche Arbeit aus der Zeit zwischen 1345 und 1373.

Abgebildet in Obernetter's Lichtdruckwerk der Münchener Ausstellung von 1876, Taf. 69.

Herzog Magnus II. von Braunschweig, genannt *torquatus* oder mit der silbernen Kette, wurde 1345 Mitregent seines Vaters und fiel im Treffen bei Leveste vor dem Diesterwald am 25. Juli 1373. Da der Sattel neben dem Buchstaben m auch die Zahl II trägt, die Magnus erst als regierender Fürst führen konnte, wird die angegebene Zeitbestimmung richtig sein. — Der oberdeutsche Ursprung dürfte aber aus der Mundart der Inschrift bestimmt hervorgehen. Ausserdem ist ein ganz ähnlicher, unzweifelhaft von derselben Hand gearbeiteter Sattel, der einst auch bemalt war, im Besitze des Herrn Grafen von Enzenberg auf Schloss Tratzberg in Tyrol vorhanden (Ausstellung zu München im Jahre 1876, Nr. 1354; abgebildet bei Obernetter, Taf. 69); auch die zahlreichen Inschriften dieses Sattels sind in oberdeutscher Mundart gehalten, z. B. „*frei dich mit ganzem willen. — ich hof'. — der lieben immer zeit. — lach' lib' lach'* u. s. w." Die Sprache weist also ganz deutlich auf einen süddeutschen Künstler hin. — Ein dritter ähnlicher Sattel, der jedoch sehr beschädigt ist, befindet sich im Hohenzollern-Museum zu Berlin. — Auch der Tower in London besitzt einen solchen Sattel, dessen Inschrift „*Ich hoff' des pesten* u. s. w." (Demmin, Waffenkunde, S. 380. Lpzg. 1869) gleichfalls von oberdeutscher Mundart ist. — Der in der Ambraser-Sammlung zu Wien aufbewahrte Sattel von übereinstimmender Technik hat eine schwerere Form; er wird für niederländische Arbeit des 15. Jahrhunderts gehalten. (E. v. Sacken, Ambraser-Sammlung I, 290. — Ders., Die vorzügl. Rüstungen und Waffen der Ambraser-Sammlung etc. II, S. 53 u. Taf. 49.)

112. Folterhalsband von Eisen.

Das Halsband besteht aus zwei Hälften, welche durch ein Scharnier verbunden und durch ein Schnepperschloss verschliessbar sind. Die Innenseite und die Ränder sind mit spitzen eisernen Dornen, die Aussenseite mit sechs grösseren Rosetten von Messing, neben denen je zwei kleinere von Eisen angebracht sind, besetzt. Durch Drehung einer der grösseren Rosetten ist das Schloss zu öffnen, nachdem die Schraube mit dem Ringe, an welchem das Band hängt, herausgedreht ist.

Aeusserer Durchm. 0,165m. — Br. 0,055m. — Dicke 0,015m.

Im Jahre 1759 aus dem Kloster Walkenried in das Museum gekommen.

Joh. Georg Leuckfeld berichtet in seinen „Antiquitates Walkenredenses", Bd. II, S. 164—166 (Leipzig und Nordhausen 1706) zum Jahre 1481 Folgendes:

„Anno 1481 Entstund zwischen Abt Johann 7. und einen von Mitschefal wegen der Jagt eine grosse Streitigkeit, die jener diesen disputirlich machte, welches aber den letztern dermassen verdross, dass er sich an den erstern oder an den seinigen aufs höchste zurächen suchte; Er liess dahero ein eisernes Halss-Band machen mit einem verborgenen Schlosse, in dessen innerer Seithe einige Stacheln hervorgingen, welche ihn einer mit Nahmen Heinrich Wintzigerod (der dergleichen auch schon zum Verderben eines Grafen von Mansfeld verfertiget, die er aber gewiss selbst hätte müssen anlegen, wenn nicht besagter Graff vor ihn bey Hertzog Philippen von Braunschweig und Lüneburg Grubenhagischer Lienie gebethen) künstlich zubereitet, dass demselben, der solche üm den Halss bekam, die Stacheln in das Fleisch gingen, und damit allgemach der Oden benommen wurde. Mit diesem schönen Halss Bande begab sich bemelter Mitschefal in den Closter-Wald, und indem ihm unversehens daselbst der Förster,

so ein Conversus aus denen Closter-Brüdern war, aufstiess, grief er denselben, und legte ihn diesen Schmuck um seinen Halss, womit der arme Mensch ins Stifft aufgezogen kam, und seine Noth mit vielen Weinen, indem ihm die Stacheln gewaltig peinigten, zuerkennen gab; Hier war nun guter Rath bey den Mönchen theuer, sie schickten aller Orthen herüm, iemanden zuerlangen, der dass verborgene Schloss auflösen möchte, es war alle Mühe ümsonst, indess begunte alles voller Schwulst an dem Halsse zuwerden, dass der Mönch weder essen noch trincken konte, dahero war kein Rath als dieser mehr übrig, die gesamte Brüderschafft führete den armen Gesellen in die Kirchen, und hielte über denselben ihre Mess-Ceremonien, hierauf wanderte sie mit ihm hin nach der Closter-Schmiede, woselbst er unter Singen und Klingen vor den Amboss knien, und den Halss auf die Ecke desselben legen muste, der Meister Schmied aber muste seinen grossen Hammer auf das Hals-Band mit einem starcken Schlage appliciren, welche zwar von demselben zugleich aufsprang, aber dem Mönche so bald auch das Lebens-Licht ausbliess. Diss Hals-Band ist nachmahls zum Gedächtniss in die grosse Kirche aufgehangen worden, etc. etc."
Vergl. auch H. Eckstorm, Chronicon Walkenredense, S. 182. Helmstädt 1617.

113. Kästchen mit Lederbezug und eisernen Beschlägen.

Das Kästchen ist von Holz gemacht, mit verziertem Leder bezogen und mit eisernen Beschlägen versehen. Die letzteren theilen, in Form von Bändern, die Flächen am Deckel, der Vorder- und Rückseite in je vier, an den Seitentheilen in je zwei Felder. Jedes dieser Felder enthält eine spätgothische Blattverzierung, die sich wie ein Zweig emporrankt. Die Ornamente sind aus freier Hand mittelst eines Schneidewerkzeuges durch Wegnahme des sie umgebenden Grundes aus dem Leder herausgeschnitten; der Grund selbst ist punktirt gehalten. Das Leder an der Bodenfläche ist glatt, ohne alle Verzierungen geblieben. — In der Mitte des Deckels ist ein Tragebügel angebracht, an den Ecken des Kästchens kleine Bänder und an der Vorderseite das Schloss: r. und l. von dem letzteren wie an den Seitenflächen können die Bänder des Deckels und Untertheiles durch kurze, mit Dornen versehene Gelenke geschlossen werden. Einige der Bänder bestehen aus Messing und dürften dieselben ergänzt sein. — Das Innere des Kästchens ist mit hellrother Leinwand gefüttert.

0,210m l. — 0,145m br. — 0,075m h.

Deutsche Arbeit des 15. Jahrhunderts.

Einzelner Ankauf vom Jahre 1872.

Ganz ähnliche Kästchen befinden sich im bayrischen National-Museum zu München, im fürstlich Hohenzollern'schen Museum zu Sigmaringen und an andern Orten. Herr Domvikar Schnütgen in Köln besitzt ein dem hiesigen ganz gleiches, nur etwas kleineres Stück. (Katalog der kunsthistorischen Ausstellung zu Köln. 1876, Nr. 2159.)

114. Kelchförmiges Trinkglas.

Auf schildförmigem, nach oben buckelartig sich erhebendem Fusse steht das knaufartig gegliederte (leider stark ergänzte) Mittelstück (nodus), welches seinerseits den cylindrisch gestalteten, eigentlichen Trinkkelch (cuppa) trägt. Der Fuss ist mit einem sehr einfachen Blätterkranze verziert, der Mantel des Trinkkelches mit einem Streifen, der oben und unten durch eine einfache Borte eingefasst ist, während das Mitteltheil, durch einige Blumen und Blätter getrennt, die in gothischer Minuskelschrift gehaltenen Worte

Sancta maria

zeigt. Die Masse des Glases hat eine schöne blaue Farbe, die Verzierungen und die Schrift sind aufgemalt.

Gesammthöhe 0,164m. — Tiefe des Trinkkelches 0,069m. — Durchm. desselben 0,102m.

Die Herkunft dieses merkwürdigen Glases ist unbekannt. Einer Sage nach „soll es ein Trinkgeschirr des Dr. M. Luther's gewesen sein", doch sind keinerlei Anhaltspunkte für die Richtigkeit derselben aufzufinden. — Die Hauptfrage bleibt die, ob das Glas italienischen oder deutschen Ursprungs ist. Dass es in der Form mit venetianischen Stücken übereinstimmt, ist ausser Zweifel, aber es bleibt zweifelhaft, ob es ein Vorläufer oder eine Nachahmung derselben ist. Diese venetianischen Stücke, deren eines von hervorragender Schönheit das Museum zu Köln besitzt (vergl. auch Labarte, Hist. d. arts ind. Alb. II, Taf. 133), sind mit eingebrannten Smaltefarben verziert und gehören dem 15. Jahrhundert an. Wäre das hiesige Glas venetianischen Ursprunges und also ein Vorläufer der venetianischen Stücke des 15. Jahrhunderts, so dürfte es selbst dem 14. Jahrhundert angehören; ist es aber deutsche Arbeit und folgt es als Nachahmung jenen venetianischen Vorbildern, so dürfte es in das Ende des 15. Jahrhunderts oder in die ersten Jahre des 16. Jahrhunderts zu setzen sein. (Vergl. übrigens Lobmeyer, Glasindustrie u. s. w. S. 72/73 u. 90/91.)

115. Doppelkamm von Buchsbaumholz.

Der Kamm ist aus einer Tafel von Buchsbaumholz geschnitzt. Er hat an der einen Seite feinere, an der anderen stärkere und weitläufiger stehende Zähne; beide Zahnreihen sind durch feste Eckstücken eingeschlossen. Das zwischen beiden Zahnreihen befindliche Mittelstück, sowie die inneren Theile der Eckstücken sind zu durchbrochenen Verzierungen ausgearbeitet, die regelmässig in quadratischen und rechteckigen Feldern geordnet und in geometrischen Mustern gehalten sind.

0,177m l. — 0,122m br. — 0,010m dick in der Mitte.

Französische (burgundische?) Arbeit aus der Zeit um das Jahr 1500.

Das National-Museum zu München besitzt mehrere Kämme dieser Art (abgebildet bei Hefner von Alteneck, Kunstschätze aus d. bayer. National-Museum. Taf. 69), die als französische Arbeiten aus der Zeit von 1460 bis 1520 bezeichnet werden. Das Gleiche gilt von einem im Besitze des historischen Vereins zu Würzburg befindlichen Stück (abgebildet bei Becker und v. Hefner, Kunstwerke etc. I, Taf. 28), nur dass dieses zwischen 1500 und 1560 gesetzt wird. Fünf derartige, dem deutschen Gewerbemuseum zu Berlin gehörige Kämme werden als französische Arbeiten des 15. Jahrhunderts bezeichnet. Der in der Ambraser-Sammlung zu Wien (II. G. Nr. 25) aufbewahrte gleichartige Kamm (abgebildet bei E. v. Sacken, Kunstwerke und Geräthe in der Ambr.-Samml. Taf. 31) wird für „burgundische oder französische Arbeit" gehalten und hinzugefügt, dass alle diese Kämme „durchgehends aus dem 15. Jahrhundert stammen". Für den französischen, oder richtiger vielleicht eben den burgundischen, Ursprung sprechen namentlich auch Inschriften in französischer Sprache, die sich an mehreren dieser Kämme finden. Im Louvre zu Paris dagegen, wo neun solcher Kämme aufbewahrt werden, hat man für gut befunden, nur die Entstehungszeit, und zwar das 16. Jahrhundert, anzugeben, aber über das Ursprungsland zu schweigen (Sauzay, Notice des bois sculptés etc. Nr. 233—241). Zwei dieser Louvre-Kämme sind in „L'art pour tous." (VIII, Blatt 865) abgebildet und werden da für vlämische Arbeiten ausgegeben, doch ist dies offenbar ganz irrig, da die vlämische Kunst um das Jahr 1500 einen ganz anderen Schatz von Formen beherrschte, und da man damals auf vlämische Arbeiten nicht französische, sondern lateinische oder niederländische Inschriften zu setzen pflegte. Man wird den französischen oder burgundischen Ursprung dieser Kämme festhalten dürfen.

116. Pulverhorn aus Hirschgeweih gearbeitet, mit dem Bildniss des Herzogs Philipp I. von Braunschweig-Grubenhagen, in ganzer Figur.

Das Pulverhorn hat unten am Haupt- und am Nebenaste, sowie oben je eine Oeffnung, deren Beschläge nicht mehr vorhanden sind. Die Rückseite ist im natürlichen Zustande gelassen, während an der Vorderseite die Darstellung in flach erhobener Arbeit angebracht ist: in einer nischenartigen Architektur steht in ganzer Figur und in voller Rüstung, das Schwert vor sich haltend, der Herzog; zu seiner Linken unten der Helm, zu seiner Rechten das herzoglich braunschweigische Wappen.

0,165m h. — Untere Breite mit dem Nebenaste 0,095m, obere Breite 0,040m.

Aus der Zeit gegen 1550.

Dieses Pulverhorn wurde im Jahre 1818 in der Nähe von Nixdorf in Böhmen beim Ausroden eines Baumes gefunden, von dem Kaufmann Herrn Jos. Wähner daselbst gekauft und dem Museum geschenkt.

Dass die dargestellte Persönlichkeit dem braunschweigischen Hause angehört, lehrt das Wappen ganz deutlich. Dass es Herzog Philipp I. von Grubenhagen (geb. 1476 oder 1480, † 1551) sei, wurde bisher gemäss einer Bestimmung, die bald nach jener Schenkung durch den damaligen Director Emperius gemacht wurde, angenommen; diese Bestimmung dürfte sich auch gegenüber den betreffenden Münzen und sonstigen Abbildungen Philipp's I. bestätigen; sie ist deshalb hier beibehalten worden.

117. Kaiser Maximilian I. Bildniss im Rund und in flach erhobener Arbeit; Solenhofner Stein.

Das Brustbild des Kaisers ist innerhalb eines stehen gebliebenen Randes, der an zwei Stellen jetzt abgeflacht ist, aus dem Steine herausgearbeitet. Er ist im Profil nach r. sehend dargestellt; auf dem Kopfe ruht ein grosser breitkrämpiger Hut; am Halse ist ein Hemdskragen sichtbar und über der Schulter liegt auf breitem Pelzkragen die Kette mit dem Orden des goldenen Vliesses. Eine nachträglich vertieft eingegrabene Inschrift ist nicht vollendet worden; man liest l. nur CAES, r. dagegen des Kaisers Namen in dieser Form: MAXMILIANVS. Das l. im Grunde angebrachte Monogramm Dürer's ist ohne Zweifel gefälscht.

Durchmesser 0,079 m.

III. Weltliche Kunstwerke

Nürnberger oder Augsburger Arbeit vom Anfang des 16. Jahrhunderts.

Durch den stylistischen Charakter und die technische Behandlung, welche letztere besonders durch die flache Erhebung, die etwas befangene Formengebung und die geringere Schärfe und Feinheit bestimmt wird, erinnert dies Werk an eine lange mit Dürer's Namen bezeichnete Darstellung Kaiser Karl's V. und seines Bruders Ferdinand, die Herr E. Felix in Leipzig besitzt und für die neuerdings der Name des Hans Dollinger in Vorschlag gebracht wird (vergl. R. Steche, Führer durch die Ausst. kunstgewerbl. Arbeiten etc. Dresden 1875, Nr. 253), sowie auch an diejenige nackter Frauen und Mädchen, die Herr C. A. Milani in Frankfurt a. M. besitzt. (S. histor. Ausst. kunstgewerblicher Erzeugnisse etc. zu Frankfurt 1875, Nr. 591 und kunstgew. Ausst. zu München 1876. II, Nr. 1041.) Letzteres Stück ist mit dem hierneben annähernd wiedergegebenen Monogramm bezeichnet, welches jedoch sonst nicht weiter bekannt ist und das nicht wohl, wie vorgeschlagen wurde, auf den Kupferstecher Lambert Hopfer bezogen werden kann. — Da der Kaiser, welcher 1519, 60 Jahre alt, starb, in dem vorliegenden Stücke schon im höheren Alter dargestellt ist, dürfte dasselbe wohl nicht früher als etwa im Jahre 1515 entstanden sein.

118. Wilhelm Schmidmayr. Bildniss im Rund und in flach erhobener Arbeit; Speckstein.

Der Genannte ist nach r. sehend im Profil dargestellt, und zwar in Büstenform, die unter dem Halsausschnitte des Wamses abschneidet. Der Hals ist mit reich gefälteltem Hemde bekleidet und mit einer Kette geschmückt. Die gelockten Haare fallen dicht bis in den Nacken und fast ganz über das Ohr herab; ein starker Bart, der um den Mund weggenommen ist, umgiebt die Wange und das Unterkinn. Die Nase ist stark gebogen und mit der Spitze nach unten gezogen. Das Bildniss ist von einer, in grossen lateinischen Buchstaben gehaltenen Inschrift umgeben:

ÆTATIS ANNO XXXX * WYHELM * SCHMIDMAYR

Durchmesser 0,038m.

Nürnberger Arbeit aus dem 16. Jahrhundert.

Da in Nürnberg seit Jahrhunderten der Name Schmidmayr vorkommt, dürfte das vorliegende, mit ausgezeichneter Kunst gearbeitete Werk wohl in dieser Stadt entstanden sein. Bemerkenswerth ist der stark ausgesprochene jüdische Typus Schmidmayr's, dessen Vorname Wilhelm, unter Berücksichtigung der älteren Gewohnheiten der Juden, übrigens auf christliches Bekenntniss schliessen lässt.

119. Erzherzogin Eleonore von Oesterreich. Bildniss in erhobener Arbeit, im Rund und in Speckstein.

Die Erzherzogin Eleonore ist im Profil nach l. sehend, jedoch in schräger Haltung des, bis unter die Brust reichenden Oberkörpers dargestellt. Das Haar ist in eine netzförmige reiche Haube gesteckt, über welcher auf dem Kopfe ein niedriges Mützchen sitzt. Der Hals ist von einem Stehkragen umschlossen, unterhalb dessen zwischen dem Pelzbesatze des Oberkleides eine Halskette liegt. Die Aermel sind auf den Schultern mit weiten Puffen versehen.

Die Unterlippe des wohl gebildeten Gesichtes ist stark ausgesprochen und tritt etwas vor. — Am Rande läuft um das Bildniss in grossen lateinischen Buchstaben folgende Inschrift:

LEONORA * D * G * ARCHI * AWS *

Auf dem Grunde r. und l. vom Kopfe steht die Jahreszahl:

1·5· — ·55·

Durchmesser 0,029m.

Augsburger Arbeit vom Jahre 1555.

Eleonore von Oesterreich, Kaiser Ferdinand's I. Tochter, war 1534 geboren, heirathete 1561 den Herzog Wilhelm von Mantua und starb 1594. Das vorstehende Bildniss zeigt die Herzogin also in ihrem 22. Jahre. Da Ferdinand 1555 zu Augsburg, wo der Religionsfriede zum Abschluss kam, fast das ganze Jahr hindurch beim Reichstage sich befand, liegt die Vermuthung nahe, dass dies Bildniss Eleonorens auch in dieser Stadt gemacht worden sei. Der Nachweis, dass Eleonore 1555 in Ausgsburg geweilt habe, scheint allerdings mit den vorhandenen literarischen Hülfsmitteln (Ranke, Buchholz etc.) nicht geführt werden zu können. Doch ist thatsächlich, dass die Töchter des verwittweten Ferdinand in jener Zeit zu Innsbruck ihren Wohnsitz hatten, dass der Vater sie dort besuchte und dass auch die Töchter von dort aus den Vater, wenn er auf seinen Reisen in die Nähe von Innsbruck kam, aufsuchten. Ohnehin also ist es sehr wahrscheinlich, dass Eleonore allein oder in Begleitung von Geschwistern den König zu Augsburg begrüsst habe. Zudem boten die Reichstage im 16. Jahrhundert, namentlich die zu Augsburg, den Mitgliedern und Besuchern derselben immer Gelegenheit zur Anfertigung solcher und anderer Bildnisse; man darf deshalb mit der grössesten Wahrscheinlichkeit annehmen, dass das vorliegende Werkchen 1555 zu Augsburg angefertigt wurde.

120. Hans Sachs. Bildniss in flach erhobener Arbeit und im Rund; Speckstein.

Hans Sachs ist in Büstenform, die dicht unter der Schulter abschneidet, und im Profil nach r. sehend dargestellt. Das Haar liegt lockig am Nacken und Ohr, ist aber über der Stirne grade ausgeschnitten. Der lange Bart geht nach unten spitz zu. Ueber dem Kragen des Rockes guckt der Hemdskragen heraus.

Durchmesser 0,023m.

Nürnberger Arbeit um 1560 bis 1570.

Da Hans Sachs (1494—1576) hier in älteren Jahren dargestellt ist, dürfte dies kleine Werk wohl kaum vor 1560, wo er 64 Jahre alt war, entstanden sein. Dass es auch in Nürnberg angefertigt sei, ist natürlich sehr wahrscheinlich. Auf einer kleinen Holzbüchse, in welcher es aufbewahrt wurde, steht mit Tinte geschrieben der Name „Hans Sachs" und die Buchstaben P. F.

121. Georg Friedrich von Brandenburg. Bildniss in stark erhobener Arbeit und im Rund, mit dem brandenburgischen Wappen auf der Rückseite, in Metallfassung mit Ring; Wachsmasse.

Der Dargestellte, in Form eines Brustbildes, ist von vorn gesehen. Auf dem Haupte hat er eine fürstliche Mütze. Den Hals umschliesst ein spanischer Faltenkragen. Der Rock ist mit breitem Pelzwerk aufgeschlagen. Auf der Brust über dem Unterkleide ist reicher Kettenschmuck angebracht. Am Rande befindet sich in grossen lateinischen Buchstaben folgende

Inschrift, deren mittlerer Theil leider fehlt, da
das betreffende Stück ausgebrochen war:
VON · GOTTES · GENADEN · — — — M · Z · B · V · H · I · P·
Auf dem Grunde, r. u. l. vom Kopfe ebenso
folgende Inschrift:
                 ÆTATIS
                  SVÆ   — 1585
                    45
Die Rückseite ist durch das brandenburgische
Wappen, in flach erhobener Arbeit, geziert. —
Die Masse, aus welcher das kleine Werk gemacht ist, scheint eine Zusammensetzung von
Wachs und anderen Stoffen zu sein; sie ist
spröde, lässt aber eine heisse Nadel leicht eindringen. Nach der glänzenden Oberfläche zu
schliessen, scheint das Werkchen aus einer Metallform gegossen zu sein.

Durchmesser 0.033^m.

Nürnberger (?) Arbeit vom Jahre 1585.

Georg Friedrich Markgraf zu Brandenburg, geb.
am 5. April 1539, trat in den Besitz der fränkischen
Länder wie des Fürstenthums Jägerndorf und ward
1578 Verweser des Herzogthums Preussen; er starb
1603. Dass er und nur er der Dargestellte ist, ergiebt sich aus der Uebereinstimmung der Bildnisse
desselben mit vorstehendem Stücke, namentlich dem
Gemälde zu Heilsbronn (Stillfried, Kloster Heilsbronn S. 161 u. Taf. 44), den Kupferstichen von
H. Ullrich und den Münzen; ferner aber auch daraus,
dass im brandenburgischen Hause kein anderer Fürst
vorkommt, der 1585 fünfundvierzig Jahre alt gewesen ist. Georg Friedrich aber wurde am 5. April
1585 sechsundvierzig Jahre alt, so dass er in diesem
Jahre bis dahin „Aetatis suae 45" war; man muss
schliessen, dass das vorstehende Werkchen innerhalb
der ersten drei Monate des Jahres 1585 entstanden
sei. Für den Nürnberger Ursprung spricht die vor-

zügliche künstlerische Ausführung, wie der Umstand, dass die benachbarten fränkischen Fürsten in vielen Stücken zunächst immer auf Nürnberg angewiesen waren; auch H. Ullrich, der die erwähnten Stiche angefertigt hat, war Nürnberger. Die oben mitgetheilte Inschrift ist also vollständig, wie folgt, zu lesen: „Von Gottes Genaden Georg Friederich Markgraf zu Brandenburg und Herzog in Preussen." — Es muss dahin gestellt bleiben, ob das vorstehende Stück etwa durch die zweite Gemahlin Georg Friedrich's, Sophia von Braunschweig-Lüneburg, an den braunschweigischen Hof und so in das Museum gelangt sei. — Welchem Zweck es gedient habe, lässt sich nicht sagen. Dass es am Ringe, etwa um den Hals, getragen worden sei, scheint unwahrscheinlich, da die Masse gegen Reibung und Stoss nur einen geringen Widerstand besitzt. Auch die naheliegende Annahme, dass es das Modell gewesen, nach welchem die Gussform oder die Stempel einer Schaumünze gearbeitet seien, ist nicht haltbar, da es, wie bemerkt, selbst aus einer Form gegossen sein dürfte. Vermuthlich ist es ein Probeausguss, um die vorzügliche Arbeit zu zeigen, bevor die Schaumünzen selbst in Silber oder Gold angefertigt wurden. Doch ist hierbei zu bemerken, dass eine solche Schaumünze nicht erhalten und nicht bekannt ist.

122. Die Broke'sche Hochzeitsschüssel.

Im Spiegelfelde ist die Anbetung des Christkindes durch Maria und Engel dargestellt; l. hinter der Maria steht Joseph, r. im Mittelgrunde des Bildes zwei Hirten u. s. w. — Auf dem Rande sind zwischen Arabesken im italienischen Styl vier kreisrunde Felder angeordnet, die folgendermassen gefüllt sind: im oberen Felde ist Gottvater mit der Krone auf dem Haupte dargestellt; in der l. Hand hält er einen

Reichsapfel, in der r. ein Spruchband mit folgender Inschrift nach Matth. 4, 17: „Dat is min lev(e) son in welc—ke ick ein wolgefalen;" — im Felde l. ist Moses mit den Gesetzestafeln dargestellt; das ihn umgebende Spruchband enthält nach 5. Mos. 18, 15, folgende Inschrift: „Eine prophete wert iu Got iuwe here erwecke uth iuwe broderen. 18." Daneben: „deut. 18"; — im Felde r. ist Jesaias abgebildet, in der r. Hand ein Spruchband haltend mit folgender Inschrift nach Jesaias 7, 14: „fie ein ingfrawe wert entfange un gebe(ren ein)en son fe werdt fine name hete(n) emanuel." Daneben „esaie. 7."; — im unteren Felde sind zwei Wappen abgebildet, von denen dasjenige r. für das der Familie von Broke gehalten wird. — Auf dem Bilde im Spiegelfelde befindet sich unten in der Mitte BH 1529 ein aus den Buchstaben B und H gebildetes Monogramm und die Jahreszahl 1529, wie dieselben hierüber wieder gegeben sind. Die Inschriften sind in gothischer Minuskel gehalten.

<small>Gesammtdurchmesser 0,775 m. — Durchm. des Spiegels 0,305 m.</small>

S. die Bemerkungen bei Nr. 127.

123. Die Peine'sche Hochzeitsschüssel.

Die Gemälde im Spiegel und den kreisrunden Feldern des Randes, der übrigens mit Verzierungen im italienischen Styl, in Gold auf braunem Grunde, geschmückt ist, stellen Vorfälle aus der „Hildesheimer Stiftsfehde" dar. Kaiser Karl V. hatte am 24. Juli 1521 den Bischof Johann von Hildesheim in die Reichsacht erklärt und die Herzöge Erich den Aeltern von Braunschweig-Kalenberg und Heinrich den Jüngern von Braunschweig-Wolfenbüttel mit der Vollstreckung derselben beauftragt. Das Hauptereigniss des Krieges war die viermal vergeblich unternommene Belagerung der bischöflichen Burg Peina, deren Darstellung den Spiegel der Schüssel einnimmt. Man bemerkt auf dem Walle der Burg das Wappenthier von Peina, die Eule, unter Bezug auf den damals entstandenen Spruch:

„Peine war gemacht so feste,
Dass die Eule blieb im Neste."

In dem Randbilde zur Rechten ist der Aufzug der beiden Herzöge, in demjenigen unten der Aufzug der Stadt-Braunschweiger mit ihren betreffenden Fahnen und Feldzeichen dargestellt; oben sieht man einen Kampf von Landsknechten und I. Herzog Heinrich den Jüngern mit einer Schusswunde im rechten Oberschenkel, welche er bei der vierten Belagerung von Peina am 1. August 1522 empfangen und deren Kugel er mit ins Grab genommen hat. (Vergl. Rehtmeyr, Braunschw.-Lüneb. Chronika. 867 u. 868.) — Auf dem unteren Randbilde befindet sich ein unbekanntes Künstlerzeichen und die Jahreszahl 1534, wie nebenstehend. — Auffassung und Zeichnung der Darstellungen erinnern an den Einfluss des Nicolaus Manuel Deutsch. († 1530.)

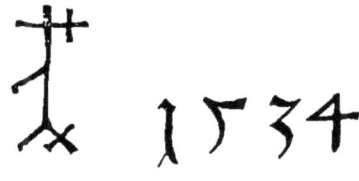

Gesammtdurchm. 0,754m. — Durchm. des Spiegels 0,310m.

S. die Bemerkungen bei Nr. 127.

124. Die Kalen'sche Hochzeitsschüssel.

Die Spiegelfläche enthält die Darstellung vom Urtheile des Salomo, von einem Meister aus der Cranach'schen Schule. — Der Rand ist in vier kreisrunde Felder und vier längere Zwischenstücke getheilt; die letzteren sowie das obere und untere der runden Felder sind mit Verzierungen im italienischen Styl versehen. In dem Felde zur Rechten ist das Wappen von Peine, in dem zur Linken das der 1653 ausgestorbenen Familie von Kalen abgebildet. („Braunschw. Alterthümer." Handschrift der Stadtbibliothek, Bl. 186.) — In dem Fussabschnitte des Spiegelbildes befindet sich die hierunter wieder gegebene Jahreszahl 1544, und in

die Rückseite ist ein aus den Buchstaben A B K I und P zusammengesetztes, hierunter abgebildetes Monogramm eingebrannt.

und Geräthe.

Gesammtdurchm. 0,65m. — Durchm. des Spiegels 0.325m.

S. die Bemerkungen bei Nr. 127.

125. Die Vechelde-Damm'sche Hochzeitsschüssel.

Im Spiegel ist die Geschichte der Enthauptung Johannes des Täufers in zwei Scenen dargestellt. — Auf dem Rande sind inmitten von Verzierungen im italienischen Styl, die in Gold auf braunem Grunde gemalt sind, vier Wappenschilder angebracht, von denen das obere einen Wappenhelm, das untere das Wappen der Familie von Vechelde, dasjenige zur Rechten das Damm'sche und das zur Linken das Velhauersche Wappen enthält. (Grote, Geschlechts- und Wappenbuch von Hannover und Braunschweig. Taf. D 3 und D 5. — „Braunschw. Alterthümer." Handschrift der Stadtbibliothek. Bl. 187 Rückseite.)

Gesammtdurchm. 0,71m. — Durchm. des Spiegels 0.32m.

S. die Bemerkungen bei Nr. 127.

126. Die erste Broitzen'sche Hochzeitsschüssel.

Im Spiegelfelde ist eine „lustige Gesellschaft" dargestellt: vier Liebespaare und ein Guitarrenspieler an einem mit einer Fruchtschüssel besetzten runden Tische, in landschaftlicher Umgebung. Der Gedanke der Composition, wie besonders die beiden vorderen Gruppen sind dem Gemälde des Dirk Bernard aus Amsterdam „Ita erit et adventus filii hominis. Matt. 24", welches Johann Sadeler gestochen hat, entnommen. Der Maler der Schüssel oder wenigstens des Bildes im Spiegel gehört, wie aus dem Charakter der Farben und der Behandlung geschlossen werden muss, der vlämischen Schule zu Ende des 16. Jahrhunderts an. — Auf den Rand sind vier kreisrunde Wappenschilder gemalt, von denen dasjenige zur Rechten der Braunschweigischen Familie von Broitzen angehört. (Grote, Geschlechts- und Wappenbuch etc. Taf. D 4.) Zwischen den Wappenschildern befinden sich Verzierungen im Style

etwa des Virgilius Solis. — Auf der Rückseite ist ein aus den Buchstaben H und S zusammengesetztes Monogramm eingebrannt, und ein Zeichen eingeschnitten, beides wie vorstehend.

Gesammtdurchm. 0,576m. — Durchm. des Spiegels 0,383m.

S. die Bemerkungen bei Nr. 127.

127. Die zweite Broitzen'sche Hochzeitsschüssel.

Im Spiegel ist das Urtheil des Salomo dargestellt. Auf dem Rande sind innerhalb von Fruchtverzierungen vier kreisrunde Felder angeordnet, in welchen Wappen abgebildet sind:

das im unteren Felde befindliche ist das der Familie von Broitzen. — Die Schüssel dürfte bereits aus dem 17. Jahrhundert stammen. An künstlerischem Werthe steht sie gegen die übrigen sehr zurück. Auf der Rückseite ist das nebenstehende Zeichen eingeschnitten.

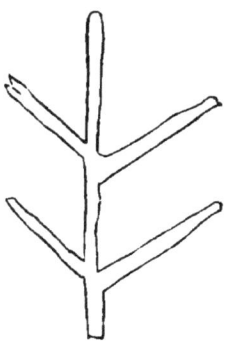

Gesammtdurchm. 0,615m. — Durchm. des Spiegels 0,325m.

Die vorstehend unter den Nummern 122 bis 127 genannten Schüsseln sind aus Holz gearbeitet; die Malereien sind in Oelfarbe ausgeführt. In Folge mündlicher Ueberlieferung wurden dieselben bereits seit geraumer Zeit mit dem Namen „Hochzeitsschüsseln" bezeichnet. Doch führen die alten handschriftlichen Verzeichnisse der Sammlungen des Museums sie nur als „grosse flache hölzerne Schüsseln" auf; da nun auch das Archiv des Museums über dieselben und namentlich über ihre Herkunft oder Bestimmung nichts enthält, so schien es erforderlich, wenn möglich, festzustellen, ob jene Bezeichnung als „Hochzeitsschüsseln" der Wahrheit entspricht. Schüsseln, wie die vorliegenden, kommen in öffentlichen Sammlungen und im Privatbesitze sehr selten vor, und deshalb erregten auch die beiden Stücke (Nr. 123 u. 124), welche von Seiten des Museums nach München zu der deutschen Kunstgewerbe-Ausstellung im Jahre 1876 geschickt worden waren, dort in den fachlichen Kreisen ein nicht unberechtigtes Aufsehen; nur ein einziges ähnliches, dem Herrn Grafen von Törring-Jettenbach in München gehöriges Stück, welches jedoch erheblich kleiner war als die hiesigen, befand sich noch daselbst; es wurde ebenfalls als „Hochzeitsschüssel" aufgeführt. (Kat. der Ausst. II. Nr. 1787.) Dagegen werden zwei ähnliche jedoch kleinere Schüsseln, welche das fürstlich Hohenzollernsche Museum zu Sigmaringen besitzt, „Brodschüsseln" genannt. (Verzeichniss d. Mobiliars etc. Nr. 46 u. 48.) Aus diesen und einigen anderen verwandten Beispielen lassen sich demnach Schlüsse auf die Bedeutung der hiesigen Stücke nicht ziehen. Man ist also zunächst auf die genaue Betrachtung derselben an und für sich gewiesen. Hierbei macht sich sogleich geltend, dass auf allen Schüsseln in den Randverzierungen zwei oder mehrere Wappen vorkommen, die, soweit sie zu bestimmen sind, ausschliesslich Patrizierfamilien der Stadt Braunschweig angehören. Da sind die Wappen der Broke's, Vechelde's, Damm's, Broitzen's, Kalen's und anderer Geschlechter. Aus dieser Thatsache wird man, ohne zu weit zu gehen, schliessen dürfen, dass die Schüsseln eine Bestimmung hatten, welche einem, in den Patrizierfamilien herkömmlichen Brauche entsprach. Ferner aber weist die erwähnte Ueberlieferung auf die Hochzeiten hin und man wird deshalb veranlasst, die alten Hochzeitsordnungen durchzusehen, ob da nicht irgendwo eine Erwähnung von Schüsseln vorkomme. Leider ist dieses nun aber in Bezug auf die Hochzeitsordnungen der Stadt Braunschweig selbst nicht der Fall. (Siehe L. Hänselmann, Urkundenbuch. CV. Verordnung von 1484. — CLIX. desgl. von 1573. — CLXIII. desgl. von 1579. — CLXXVIII. desgl. von 1608. — CLXXXV. desgl. von 1624.) Dagegen ist man in Bezug auf zwei landesfürstliche Verordnungen günstiger gestellt. Herzog August (1635—1666) erliess 1645 eine „Ordnung für die Benutzung des fürstlichen Commishauses in Wolfenbüttel", wo eine Verfügung getroffen wird, die hier von Bedeutung ist und die grossentheils wörtlich in der „Verlöbniss-, Hochzeits-, Kindtaufs- und Begräbniss-Ordnung" enthalten ist, welche derselbe Herzog unterm 24. October 1646 erliess. Es heisst daselbst im § 12:

„Des Dingstages aber sol / so bald berichteter „Maasfen / dy Essen Tischtücher und Teller auf- „gehoben / bey denen Hochzeiten da Geschenke

„gereichet/ nach der/ im Namen der Hochzeiter/
„bey allen Tischen geschehener Danksagung' das
„dy Gäste inen zuum Eeren erschinen seynd/
„dy Geschenke dem Bräutigam/ und der
„Braut, in heregebrachter Ordnung/ und
„altem Gebrauche nach/ von dem einem
„oder andern öffentlich an irem Tische über-
„reichet/ und in eine groosfe auf dem Tisch
„gebrachte Schüsfel geleget werden."
(Herzog August's „Hofgerichtsordnung u. s. w."
Wolfenbüttel 1663, S. 472.)

Aus dieser Verfügung ergiebt sich, dass es eine
hergebrachte Ordnung und ein alter Brauch war,
bei Hochzeiten die Geschenke nach beendetem
Schmause in eine grosse auf den Tisch gebrachte
Schüssel zu legen. Man muss sich hierbei erinnern,
dass in früheren Zeiten die Hochzeitsgeschenke vor-
wiegend in Gelde gegeben wurden, dass ihre Be-
träge meist nicht unerheblich waren und dass nicht
selten, zur Vermeidung von etwaigen Rechtsstreiten,
wie diese auch vorgekommen, schon von vornherein
bestimmt wurde, ob die an Geschenken eingehende
Summe gemeinsames Eigenthum der Brautleute, beziehentlich der Eheleute, oder besonderes Eigenthum des einen oder andern Theiles sein sollte.
Im Allgemeinen werden nun wohl zu diesen Schüsseln auch jene messingnen Becken benutzt worden
sein, die fabrikmässig hergestellt, oder richtiger in
besonderen Werkstätten „geschlagen" wurden. Dies
Gewerbe war über ganz Deutschland verbreitet:
die Genossen desselben hiessen im hochdeutschen
Sprachgebiete „Beckenschlager", im niederdeutschen
„Beckenwerper", d. h. „werker" oder Macher. Noch
deutet der Name einer Strasse in Braunschweig auf
dies Gewerbe und dessen gewiss umfangreichen Be-
trieb hin. Solche Becken sind noch zahlreich vorhanden. Wenn dieselben — neben andern Zwecken —
auch dem bezeichneten Zwecke in den weitesten Kreisen
dienen konnten, so war es selbstverständlich, dass die
Vornehmen etwas Besonderes bei diesem Gebrauche

voraus haben wollten. So mögen die Adelsfamilien und insbesondere die Braunschweiger Patriziergeschlechter dazu gekommen sein, grosse hölzerne Schüsseln, die mit kostbarer Malerei verziert und mit den Familienwappen versehen waren, an Stelle der gewöhnlichen messingnen Becken bei Hochzeiten zu verwenden. Dass aber diese Sitte nicht auf die Stadt Braunschweig oder Niedersachsen beschränkt war, beweisen die Eingangs erwähnten Stücke, von denen das dem Herrn Grafen von Törring gehörige schon die Wappen dieser alten Adelsfamilie zeigt, eines der Sigmaringer Stücke aber eine Inschrift in oberdeutscher Sprache hat. Man darf deshalb annehmen, dass in Nord- und Süddeutschland die vornehmen Geschlechter solche gemalte hölzerne Hochzeitsschüsseln liebten. Dieselben bildeten zugleich eine kunstreiche Zierde des neuen Hausstandes und schmeichelten durch die Wappen der betheiligten Familien dem Stolz des Hauses. Sie wurden in Ehren gehalten und erbten von Geschlecht zu Geschlecht. Als urkundlicher Beweis hierfür kann die Thatsache, deren Mittheilung Herrn Stadtarchivar Dr. Hänselmann in Braunschweig zu danken ist, angeführt werden, dass Frau Anna Kokeritz (von Köckeritz) im Jahre 1489 bei Eingehung einer zweiten Ehe ihrem Sohne erster Ehe unter anderem Hausrath auch „eyn groth malt schotteln, darinne steyt gemalt de historien van Hector und Troyen" vorbehält. (Degedingebuch der Altstadt, im Stadtarchiv zu Braunschweig.) Wenn nun aber nur noch sehr wenige solcher Stücke erhalten sind, so erklärt sich dies daraus, dass hölzerne Geräthe, wenn der Zufall oder eine besondere Sorgfalt nicht über ihnen wachen, den Jahrhunderten nicht widerstehen. Auch die vorliegenden Stücke sind zum Theil beschädigt, besonders einige vom Wurmfrass arg durchlöchert.

Nach diesen Ausführungen wird man die geschilderte Bestimmung der „Hochzeitsschüsseln" geschichtlich und thatsächlich als gesichert ansehen dürfen. Einen weiteren Stützpunkt wird man übrigens noch darin finden müssen, dass jener alte Brauch sich in einem Theile der niedersächsischen, namentlich der braunschweigischen Landbevölkerung bis auf den heutigen Tag erhalten hat, wenn auch an Stelle der messingnen Becken irdene und porzellanene Schüsseln getreten sind. Auch in anderen Gegenden, im Norden wie im Süden von Deutschland, besteht dieser Gebrauch noch.

Es ist endlich zu bemerken, dass der Styl oder die Behandlungsweise der Malerei einiger der Schüsseln theils nach oberdeutschen Schulen, theils nach den Niederlanden deutlich hinweisen, woraus man schliessen darf, dass die betreffenden Geschlechter bei Bestellung ihrer Hochzeitsschüsseln sich dahin wendeten, wo sie glaubten, die Arbeit auf die geeignetste Weise erhalten zu können.

IV.

Architektonisches.

128. Nachbildung der Elisabethkirche zu Marburg, in Kork geschnitzt von Karl Schröder in Braunschweig.

1,01m l. — 0,56m br. — 0,96m h.

Die Elisabethkirche zu Marburg, gegründet 1235, ist eines der wichtigsten Denkmäler deutscher Gothik und nach der im Jahre 1227 gegründeten Liebfrauenkirche zu Trier auch das älteste Bauwerk in Deutschland, welches ganz und rein in diesem Style ausgeführt ist. (Vergl. H. v. Dehn-Rothfelser und W. Lotz, Die Baudenkmäler im Reg.-Bez. Kassel etc. S. 137 u. ff.)

Karl Schröder, geboren 1760 zu Braunschweig, starb daselbst als Hofkupferstecher und Zeichenlehrer am Collegium Carolinum im Jahre 1844. Die vorstehende Korknachbildung, sowie noch zwei andere, nämlich die des Poseidontempels zu Paestum und die eines römischen Tempels, wurden sogleich nach Schröder's Tode von dessen Wittwe angekauft.

IV. Architektonisches.

Das Museum besitzt ausserdem verschiedene von Schröder's Kupferstichen und auch eine Zeichnung seiner Hand nach dem, dem Museum gehörigen „Opfer Abraham's" von Lievens. (Ausführliches über Schröder veröffentlichte W. Müller im „Braunschw. Magazin" 1868, S. 217 u. ff.)

129. Korinthisches Kapitäl aus sehr grobkörnigem Sandstein.

0,27m h. — Durchmesser des Schaftansatzes 0,10m. — Seitenlänge unter dem Abakus 0,20m.

9. (?) Jahrhundert.

Gefunden im Thurmhause des Domes zu Braunschweig bei den Arbeiten der neuen Heizungsanlage, und im Jahre 1877 dem Museum überwiesen.

130. Romanisches Kapitäl einer Halbsäule. Sandstein.

0,22m h. — 0,21m Abakusbreite. — 0,11m tief.

12. Jahrhundert.

131. Gothisches Kelchkapitäl einer Halbsäule mit flachen Blättern. Sandstein.

0,22m h. — 0,21m Abakusbreite. — 0,11 tief.

132. Gothisches Kelchkapitäl, ganz glatt, mit profilirtem Abakus. Sandstein.

0,25m h. — Unterer Durchmesser des Kelches 0,11m. — Seitenlänge des Abakus 0,21m.

IV. Architektonisches.

133. Gothisches Kelchkapitäl mit flachen Blättern und geradem, quadratischen Abakus. Sandstein.

0,21 m h. — Unterer Durchmesser des Kelches 0,11 m. — Seitenlänge des Abakus 0,21 m.

134. Gothisches Kelchkapitäl mit vier krappenförmigen Blättern und profilirtem, quadratischen Abakus. Sandstein.

0,245 m h. — Unterer Durchmesser des Kelches 0,115 m. — Seitenlänge des Abakus 0,205 m.

135. Stück eines Thürpfostens mit gothischem Kelchkapitäl, welches krappenförmige Blätter hat. Sandstein.

0,29 m h. — 0,36 m br. — 0,27 m tief.

136. Gothischer Fensterschlussstein, in in der Oeffnung als nasenbesetzter Spitzbogen ausgebildet. Sandstein.

0,435 m h. — 0,55 m br. — 0,20 m tief.

137. Stück einer gothischen Gewölberippe. Sandstein.

0,26 m h. — 0,15 m br. — 0,10 m l.

138. Stück einer gothischen Rippe, mit seitlichen Verbandansätzen. Sandstein.

0,23 m h. — 0,125 m br. — 0,19 m l.

IV. Architektonisches.

139. Gothische Krappe. Sandstein.

0,28m l. — 0,16m br. — 0,14m h.

140. Rother Ziegelstein. Gewöhnlicher Mauerstein.

0,25m l. — 0.17m br. — 0,10m dick.

141. Stück eines nach unten sich verjüngenden rothen Ziegelsteines: zur Wölbung eines Bogens.

0.22m tief. — 0,17m h. — 0,09m unten br., 0,10m oben br.

142. Rother Ziegelstein, vorn gerundet. Gesimsstein.

0,28m l. — 0,13m h. — 0,09m br.

143. Rother Ziegelstein mit profilirter Vorderecke. Gothischer Gesimsstein.

0,25m l. — 0,12m h. — 0,08m br.

144—153. Zehn Stück gebrannte Formsteine, die in ihrem Grundrisse nach vorn halbkreisförmig gerundet, an der Vorderseite mit einem breiten, senkrechten Steg in der Mitte und schrägen Stegen an den Seiten versehen sind und anscheinend bestimmt waren, den flachen Schaft einer gewundenen Halbsäule zu bilden.

0,27m br. — 0,13m tief. — 0,09m h.

IV. Architektonisches.

Die sämmtlichen unter Nr. 130 bis 153 aufgeführten Stücke wurden beim Aus- und Umbau des Hauses Bohlweg 51 in Braunschweig, in welchem sich jetzt das herzogliche Staatsministerium befindet, aufgegraben und im Jahre 1877 dem Museum überwiesen.